近代中日關係研究 第三輯10

論中國革命與先烈

宮崎滔天 著
陳鵬仁 編譯

蘭臺出版社

目次

譯者序

這幾年來，我儘量利用公餘時間，專心介紹宮崎滔天的著作，而這本書，就是它的產物。「宮崎滔天全集」五卷中，除其更重要的「三十三年之夢」外，我認為值得翻譯或應該翻譯的，我都翻譯過了。

在本書宮崎滔天的文章中，更值得參考的還是他的書信；其餘的，不是有關中國革命的，就是關於先烈們的文章，而愈讀他的作品，我愈覺他真是不折不扣的中國盟友，因此，在中國革命史上，宮崎滔天應佔有他該有的地位。

南方熊楠日記中有關 國父的部份，從沒人介紹過；我所發現「國父全集」裡頭所沒有的 國父的幾封信和序文，是值得一提的。秋山定輔的文章也極富史料價值。

最後，我要由衷感謝王化行將軍和徐修惠先生推荐出版這本書，內人莉莉對我譯作的鼓勵。

陳鵬仁

中華民國六十七年七月廿日於東京

中國革命的大勢

宮崎滔天

據說：十五年前曾因豫言拳匪之亂而贏得一般人民尊崇的頤和園陽明殿的八仙，去年冬天又豫言在二、三年之內將有大亂，並禱告五十天，然後請假三年，飄然離開北京，不知去向。由之人心惶惶。不能終日，不久江西、湖南的革命軍起。因八仙的言中，官民上下，大爲恐慌；但同時一般人却明目張膽地期待革命的暴發。吾人之倡中國革命久矣。今日革命已發出曙光。殿中八仙亦切望此曙光而警醒頑民。蓋機運也，趨勢也。天堂已不遠。至今日尚不能悔改者，禍哉。若是，中國革命的現況如何。

革命是戰鬥。戰鬥有軍略。軍略需秘密。我不敢說我不知此秘密，但秘密畢竟是秘密，自不可洩漏。至於所謂革命的大勢，新聞報導似不可捕捉，但如果用我的眼睛綜合地來看，自可窺悉其飛動的大勢。現在，我們且來回顧它的歷史。

首先有「匪徒蜂起，勢力猖獗」的外電；繼而說「官兵被匪徒擊退而解散」；又報導說：「匪徒具有精銳武器，揭革命之大旗，行動嚴正，不掠民物，不害洋人，與從來之會匪大異其趣。更說：「革命軍陷瀏陽、醴陵，部份迫近湘潭，似將與之相應以攻長沙」。同時雖有「張之洞令三千兵前往討伐」而未聞有過戰鬥的報導，但却有「新式之兵不能用，而以舊兵討伐之」的電報，此間盛傳革命軍之優勢，旋即有「派遣直隸袁軍討伐匪徒，部份騎兵且到達漢口」的外電，接着有「匪徒蜂起於山東曹州，其勢猖獗」的消息，隨即又傳來「匪徒起於直隸省大名府」，「袁氏派兵曹州大名府討伐匪徒」。

爾後的事姑暫不談，以上是各報所登的外電。雖有已經平定所謂匪徒的報導，但張之洞派到湖南、江西的三千兵怎樣了？抵達漢口的直隸兵又如何？山東巡撫屢次以怠職被彈劾是爲何？平定二字，不外乎是爲了陰藏事實的狡猾手段。我們如果詳察革命軍的行動，當可瞭解其有條不紊在，全國各地有其基礎的事實。現在請由我來稍作分析。

當時的報導說：湖南、江西的革命軍擁有精銳的武器，讀者或許還記得它並說這些武器可能由日本輸入者。革命軍之擁有精銳武器是事實，但稍微有地理知識的人都會知道這些武器並非輸入自日本。果爾，他們從那裡得來這些精銳武器呢？這是第一個疑問。

但「醉翁之意不在酒」，抓到小偷竟是自己的兒子。所謂「官兵被匪徒擊退而解散」，就是倒戈投歸革命軍的意思。更正確地說，這是約好在萍鄉發難的。張之洞所派的三千兵亦蹈其覆轍。所以有「新式之兵不能用，而以舊兵討伐之」的外電。舊兵究竟從武昌或南京來，我尚未得確息，但却接到派出直隸袁軍的電報。這是什麼意思？這是因爲張之洞在實驗上或探察上發現南京的官兵與革命黨有聯絡，所以纔請派袁軍。當時的「讀賣新聞」曾以「中國官兵與革命軍」的標題報導說：「被派到南清（華南）暴動的中國官兵，有許多與革命派通聲氣。在並非不利的地點，且抛棄武器逃跑，從而使革命軍日日擴大其勢力。某方消息傳來滿清政府爲此傷透腦筋」。袁軍已出發。不久革命旗出現於山東，繼而在直隸省出現。人或會以爲這是偶然發生的，但我不以爲然。一月六日的「讀賣新聞」用「山東的革命軍」這個標題報導說：

關於此次蜂起於清國山東省的匪亂，根據情報，乃是在北清事變知名的團匪，與大刀會、小刀會、紅燈會、黑燈會等份子的聯軍，首先起於山東曹州府附近，爾後往四圍擴張其勢力。如所周知，曹州位於新黃河口上流，南臨河南開封府，北接直隸歷山、朝城之要地。袁世凱聞知匪亂起於此地，欲派直軍予以平定，但察不得其策，遂與張之洞、端方相通，由東南北三方圍攻。但湖南、江西之亂繼起，其勢且極爲猖獗，於是張、端不得不與袁分手進軍，因而使曹州匪徒再度得勢。目前清廷正在盡力從事平定，其同被鎮壓雖是時間問題，但袁世凱胞弟已經陣亡。由此可知戰鬥之非常困苦，匪徒之不可侮。

從以上所述，我們可以知道，這是有領導者，有組織的南北互應的軍事行動。火已燒到脚下了。萬不可粗心大意。現在自不是派兵南清的時候。乃嚴命張之洞、端方，用武昌、南京之兵討伐。於是派出精選士兵。結果如何呢？各報說已經平定了。現在我引用刊載一月二十二日「大阪朝日新聞」麓山子標題「討伐革命軍」的通訊全文，以供參考。

根據從瀏陽回來的人說，擊退瀏陽之賊的官兵分成五路追擊，所以在瀏陽縣沒人敢以武器抵抗官兵，惟賊的一部份，為了確保流竄江西方面的餘地，襲平江的金礦，運糧食等至險要的天坪山，堅守不出，因此正擬以湖南、湖北的部隊圍攻時，又傳來萍鄉的煤礦告急。遂派湖北砲兵前往萍鄉救援，所以在南京援兵到達之前，實不可能掃除匪徒。又根據另一位從該地回來的人說，此次揭旗以來，革命黨死者一千多人，交戰二十次以上。其中最慘的是，被官兵俘虜的匪徒。他的被殺之後，更被切開其腹部，取出內臟、在河邊洗滌後煮給大家吃。

又此次的主謀者李金死亡後，其妻乃擁李金牌位於陣前，稱為和姑娘，同時另出現秀姑娘，以演水滸傳、三國誌的角色；惟揮空拳起事，以握天下的時代已經成為過去，他們自無法與携文明之武器的湖南、湖北軍隊為敵。因此革命先鋒的旗幟，和滅清興漢的記號都退守距離瀏陽一百多清里的平江縣下，天坪山中，此軍或將分赴江西或湖北，所以據說清軍以現時兵力無法剿滅，擬以南京部隊由江西方面陸路攻其背後，是故南京部隊到達之前，官匪雙方祗得對峙，暫時不可能有武力衝突。又，我剛剛接到萍鄉方面一時事急，乃由於湖北砲兵及步兵來援，但仍無動靜的通訊。綜上所述，革命黨可能因爲武器不足而受挫。

惟革命黨空手起義，奪區區地方團練一、二千武器，以二、三千兵竟令清軍動員湖南、湖北、江蘇大軍，並使清軍暴露其無能，因此縱令能鎮壓革命軍於數月後，但此事件勢必予江南各省軍事界以極大影響。

由此我們可以知道，清軍並未完全平定局面。語曰：兵以拙速爲貴。討伐軍爲何如此逡巡？裡面自有文章。

近日新聞報導說：「會匪大起於陝西省同州府華陰縣，西安府、鳳翔府會匪響應之」，「江蘇省徐州會匪與山東亂黨互通聲氣」；又說：「河南衛輝府、四川省南部縣、四川、甘肅交界，以及廣西潯州、肇慶、鬱林各處皆有亂黨」。二月十一日「東京日日新聞」更以「招撫孫逸仙」的標題報導說：

清國政府以爲過去的萍鄉之亂黨及山東的刀匪，瀋陽的鬍匪，皆爲革命黨暗中所協助和煽動，並秘密派人四處嚴探革命黨員之行動。就此以前張之洞曾向當局說，革命黨以孫逸仙爲黨魁，各種會黨則假其名以逞煽惑。事雖不成，但各地之蠢動由之大增。今日若不能根絕它，作亂必然瀕發，國勢日危，勢將不堪列强之環伺。助長此內憂的逸仙之罪，自該誅罰。惟其現今逍遙海外，不得逮捕。因此祇有從權羈縻之一途。倘能招安黨魁，餘黨自會解散。考諸前例，髮逆之時賊酋如悔悟，朝廷則以寬大爲懷，及其改心見實，則任爲提鎭，封其爵位者爲數不鮮。今逸仙如能悔悟，亦不妨赦其既往之罪，並予以錄用。如能經允諾，可囑某國公使並與該黨員有交往之某洋人前往招撫。最近北京消息又說，當局王大臣等亦多讚成此說。

讀到此項消息時，我不禁捧腹大笑。我深信一般讀者亦復如此。當局之窘境，可得而知。入東北而活動於官憲土匪之間，令振貝子一行心寒的革命黨張某曾作何事。我不得而知否，天機不可洩漏。

至於革命黨的現況。張之洞及其當局比我清楚。爲無限的恐怖所驅拼命抓黨員可以爲證。而且常抓錯人，更屬可笑。如此這般，清朝當局迫非革命黨員成爲革命黨員。由之接踵而來的是反抗、復仇和炸彈。亦卽革命已自序幕逐漸移到正式的舞台了。快哉！

尤其值得注目的是北京的風雲。據說，政府裡頭滿漢暗鬥終奪袁兵歸於鐵良，因而久在袁手下者皆滿腹不平，暗中欲與革命黨合作者甚多。加以數年來的饑饉現在已達最壞階段，餓莩載道，悲慘不可言狀。嗚呼，以天時人事來觀察，這正是清朝末路的兆證。除非痴人，不待八仙預言，人皆知此。（譯自「宮崎滔天全集」第二卷。原文原刊於一九〇七年二月二十五日「革命評論」。一九七七年十一月十四日，於東京）。

附註：文中所謂匪徒、會匪等，皆指革命黨，惟係引述，故姑用之，特予聲明。（原載一九七七年十二月二十五日台北「政治評論」）

中國革命與列國

宮崎滔天

中國革命的機運已經迫在眼前，乃是無可否認的事實，而在所謂反對論者之中，沒有一個人反對當前的道理，更沒有人主張其實行上的困難也是事實。的確，在革命暗流瀰漫於整個大陸的今日，在民間找不到一個保皇團體說來也奇怪。

不錯，前幾天，由康有為和梁啓超領頭，在異邦的中國人社會出現了保皇股份有限公司，但這畢竟是所謂股份有限公司，原是營利的保皇業者的結合。惟因有人偷走股票，因此這個股份有限公司遂自然而然地瓦解了。除此而外，我們根本就找不到像樣的保皇黨。

從日本人來看，奇怪得很，中國好像沒有一個義人，但這一點也不奇怪。這是由於國情不同的結果，亦即不是沒有義人，而是正因為重義他們纔不保皇。中國人之所以偉大，其理由在此。

若是，在民間也沒有反對革命的人嗎？幾乎沒有。祇有杞憂列國的干涉者在反對。他們所引以爲證的例子是，發生義和團事件時的列國的干涉，亦卽所謂北京事變。

但這是極其愚蠢的看法，是欠缺識別事物之眼光和不能洞察時時刻刻在進步之宇內大勢的杞憂。這是不學無術者的膽怯作祟所使然。

首先，我們必須認淸六年前的義和團和將要起來的革命黨不同其性質。義和團是純然的排斥攘夷黨；革命黨是以文明思想和愛國熱情結合的一羣，這是歐美人很淸楚的。換句話說，中國革命黨這個牌子，與其領導者孫逸仙的名字，在歐美遠比日本馳名而且受到尊敬。

這一點，大大地提高了中國革命黨在世界列國上的信用；而更値得我們注目的是，滿淸政府在列國中之毫無信用。他們不但知道滿淸政府已經沒有做爲政府的威信和權能，而且認爲在這樣政府下的人民想起來革命是應該的。不特此，部份有識之士，對於到現在革命軍還不採取行動，甚至覺得奇怪呢！

我認爲：中國發生革命運動的時候，祇要其末派人士不燒敎會殺牧師，列國是絕不會干涉的。況且這些末派人士一向非常聽命於其頭目，因此要善導他們，決非難事。我這番話，我相信知悉中國秘密結社內情者所能同意的。

但杞憂者的毛病畢竟是杞憂。所以他們仍然會杞憂末派的暴行。現在我們姑且假定暴民將乘動亂出於暴行。那時，列國會派大軍來干涉嗎？我絕不相信會。

所謂帝國主義，在某種意義上，是一種併吞主義。併吞主義必須擴張軍備。擴張軍備非錢莫辦。負擔這些錢的是誰？老百姓。上戰場的是誰呀？還是老百姓。老百姓征服其他國家有什麼好處呢？除多負擔稅外一無所得。

再溫順的老百姓也不可能長久忍受這種處境。熱血的仁人學者更不能傍觀老百姓的這種窮困。於是遂由社會主義、無政府主義或世界同胞主義的觀點揭櫫各種見解，聯絡老百姓，以行罷工，或圖暗殺帝王總統，奔波於衝破現今的社會。

所以在歐洲，帝國主義似已知其非，裁軍問題隨之而起。在此種形勢之下，那裏有工夫干涉他國的內亂？更何況對堂堂正正的革命黨？就是誤殺十個牧師，錯燒二十家教堂，最後倒霉的還是滿清政府。

在義和團事件以前，在歐洲確有瓜分中國的空氣。他們不但相信他們能夠瓜分中國；而且中國也非常害怕被瓜分。杞憂歐洲來干涉者，今日實仍在當年的恐怖之中。但這些杞憂者却不知道在歐美正盛傳黃禍論，懼怕亞洲人的侵略。是卽中國的覺醒，已受到非常的注意。的確，在白人之間盛傳一時的瓜分中國論，自對於義和團的干涉以來，早已雲消霧散了。他們由中日戰爭的結果，判斷中國人是軟弱的，有若義和團的烏合之衆不堪一擊一樣。可是一旦發生戰爭，却不是那麽一會事，因而不知所措，遂請日本出兵。

在中日戰爭以前，他們並不高估日軍的實力，以爲不是日軍强，而是清兵弱導致，但由義和團戰爭，他們學得兩樣新知識。一是日軍的實力，一是中國國民的力量，亦卽清兵雖弱但老百姓却是强的事實。他們之所以不再倡瓜分中國，而傳黃禍論，實根源於此。

如上所述，敵人已由驕傲之夢醒過來了，但我們自己却仍在卑躬屈膝的夢裏，而棲身於干涉和瓜分的恐怖之中，實在太沒有出息了，這雖然是不明無識的罪過，但對於世界大勢也的確太無知了。

現在且讓杞憂者一步，假定歐美諸國會干涉中國革命。革命軍克服一、二省後，對弱勢的干涉軍則予以牽制，遇優勢的干涉軍則退進內地，取曠日彌久之策，以待敵軍。此時，歐美各國必發生社會革命。這將是國家帝國主義與社會革命、世界主義開始決戰之時。果爾，日本會怎麽樣呢？不必躭心。因爲空前的大戰，她的政府和國民都精疲力盡了。她絕不會出兵他國，空乏國庫，以招民怨。

綜上以觀，中國實具有以自力左右世界命運的力量，這等於說，革命成功，她能號令宇內行道於萬邦，列國來干涉，勢將引起世界的革命。中國前途似錦，中國人多麽有福。我恨生不爲中國人。（譯自「宮崎滔天全集」第二卷。原文原刊於一九〇六年十月五日「革命評論」。一九七七年十一月五日，於東京。）

（原載一九七七年十一月廿五日台北「政治評論」）

東京通訊

宮崎滔天

一八九八年十一月四日

康有爲逃到香港的當時，就已經決心到日本。這似乎是由於清帝給他的密詔，對日本認爲有同種、同文、同憂之緣，日本是新進國家，具有維新經驗，以及康的許多門徒在日本等等的因素所導致。不過，這裡也有些原因使康有爲不能立即下要到日本的判斷。第一，不知道日本政府對他的態度如何，第二，英國非常厚遇他，他如果到日本，深怕引起英國的反感。但這兩個疑問，不久便釋然了，所以最後康有爲還是決定到日本去。

可是，此時又出現了使康有爲猶豫不前的一件事。這就是李盛鐸將任清朝駐劄日本國公使的消息。因爲，康有爲與李盛鐸的關係本來就冰炭不相容，加以李是榮祿的嘍囉，而榮祿與康有爲，在北京政變之前就在互相反目，今日其嘍囉說將來擔任日本公使，自使康有爲懷疑日本是否眞的同情他，以及懼怕李或將陷害他。尤其他的徒弟們拼命慫慂他說，李盛鐸在日本期間不可來日，因此康有爲幾乎決心要先到英國，後來日本。可是，康有爲的心底，似有一種頻仍慫慂他到日本的叫聲，因而他終於決心趕緊要到日本去。於是於十月十八日，他纔向英國政廳透露將先到日本，然後經過美國而至英國，英國政廳即時表示贊同，並決定搭乘隔天（十九日）下午四時啓程的日本郵船會社的河內丸前往日本。

對於康有爲的乘船，日本郵船會社香港支店長三原繁吉幫了很大的忙，則其他所有的中國人都沒同意其搭船，外國籍客人，其身份不太明瞭者，也都一律不許其乘坐，以策萬全。是日下午四時正，河內丸便開始拔錨，黑烟滾滾，準備出發。四時三十分，英國的警察和憲兵保衛康有爲，由英國碼頭坐汽艇，往港口開去。有一條汽艇掛着三井的旗子，另外一隻揷着日本郵船的小旗，各帶兩、三個穿中國服的人，先後往港口開走。在山影下默默等着的河內丸，似在偷偷等着愛人，看來叫人稱心。

三條汽艇分別到達了河內丸，該坐的都坐了，應下的也都下了。這時已經下午六時半，太陽漸入西山，陰曆四日的月亮，似依依不捨地由幸福珠寶山端露出其目面，幽雅極了。世上雖然沒有對月哭泣的多情漢，但此晚月亮確能令人萬感交集，幾幾落淚。此行因於社會有所顧忌，所以對於在香港的朋友、同志，尤其對於承其幫忙諸多的某某，我都沒有去辭行，因此至今仍感不安。我們一行，以康有爲爲首，隨員四人，男僕二人，日本人是我和天地庵（宇佐穩來彥），一共九人。我們握手互祝順利上船，而上甲板上一看，船已出港頭，香港之山，廣東之地，祇目見燈火時明時滅。這晚，我們以啤酒祝賀前程。

在船裡，事務長以下各位，極盡招待之能事，因而五天五夜的航海，一點也不覺得無聊。船於二十四日半夜十二時，安抵神戶港外和田岬，並拋錨此地。特地由東京趕來迎接的食客某人，該夜冒雨來河內丸，領我們登陸到某處，等待天明，即搭凌晨六時的快車到東京。康有爲到神戶後換上西裝，因此新聞記者們便無法判斷誰是康有爲，有的甚至以身穿中國服的我是康有爲，事後大家哄堂大笑。到達東京後，遂至麴町平河町的三橋旅館，惟因進進出出者太多，所以四、五天前，康有爲和隨員便搬到牛込區的租屋。他們現在暫時與任何人都不見面。

康有爲今後的行止尙未決定。亦卽暫時留在日本，或者馬上離開日本前往美國或英國，是尙待決定的問題。唯我希望日本內政的爭擾，沒使康有爲失望。我說這句話，不是爲我個人對康有爲的私情，而是深怕中國國民失望於日本。

中國四億之民，未必問此問題。因不知以內政的爭擾以雲烟過眼東亞之危急的士君子的眞意，故我纔這稱再三强調它。頓首。

十二月十二日　評伊藤博文的演說

伊藤博文最近對於中國問題的演說，是一場大演說。這是應憲政黨之邀於前天（十日）在帝國大飯店擧行的。滔滔數萬言，就他來講，可以說是相當成功的演說。但我覺得他的演說沒抓到癢處，言之不切而遺憾。伊藤的演說報上已經刊載過，我想大家多知道其內容，不過爲了方便起見，我還是摘錄其大要並稍加批評，以供讀者諸君參考。

伊藤演說的要點如左：

一、中國（清國）內外形勢非常危急，隨時有發生意外的可能，亦卽中國的境遇危險萬狀。

二、中國問題就是東洋問題；中國不可能維持現狀，非改革不可，但其改革非常鬥難，除非上有賢明的大君，下有輔弼的大人物，這兩者互相配合，與起革命的事業，否則不得成功。

三、伊藤再三强調中國的危機，並說這種危機的爆發可能來自中國人，也可能由於外來的刺激，但却非常迫切，如果這危機一爆發，首當其衝的將是日本，因此對此局面日本必須有所準備。

四、最後他說明他的心境說，他雖然一度辭職賦閑，但天子之大命不可却，遂二次組閣以擔當戰後（中日戰爭－譯者）的政局，惟與議會衝突，再度辭職，把政權交給大隈重信和板垣退助，得閒漫遊中國大陸，依聖命趕緊回國，欣逢山縣有朋組閣。總之，現今之時局，既如前述危急，故不問誰人組閣，他都樂意相助，以鞏固因應東方危急的基礎。

我認爲：在所謂仁人志士不顧域外的形勢，祗汲汲於自私自利的黨爭而可能貽誤國家百年大計的今日，伊藤的演說確不失爲一服清涼劑。惟不待伊藤的演說，有心人都知道並很憂憤清國有如半死的老牛躺在東亞的中心地帶，氣息奄奄，其命運在於旦夕的情形。從政府的立場來說，滿清政府除非變其祖法，舉士任賢，以行非常之改革，小則難保愛新覺羅的命運，大則極難維持清國這個國家。如就國民的觀點來說，除非非常的英雄奮起依義持劍，以革命的事業一掃多年的腐敗政權，顯然不可能維持今日的老大帝國。是即我們所期待於伊藤的演說者並非這些，而是如何改善中國，和保全她的國土等問題。

可是，滔滔數萬言的伊藤演說却對此不提，祇是口口聲聲喊危險，最後變成擁護山縣內閣的演說，這對憲政黨黨員來講，當然是一服清涼劑，和對政黨的大力支持，但有心人却覺得他的演說極其平凡，因而笑他遊歷大陸後纔知道中國的危急，更可憐其爲駙馬的嘍囉所迫而不得不做擁護山縣內閣的演說。他說：「要改革中國數千年來的制度文物、風俗事物自非一朝一夕所能臻；欲行此種改革，非有非常英明的君主和輔弼人物，並行革命事業不爲功」。這是不必說的。要以法令敕諭來改革中國，實比緣木求魚還要難。縱令雨般地下萬千的法令和敕諭，仍然不可能掃除徹入四肢五官的宿病。因此最後祇有以血洗滌之一途。

至於伊藤的所謂英明的君主，不知幾千年後纔能出現。今日的皇帝年紀雖然不大，但他却想擧草澤的書生來行中興維新的大業，由是觀之，他似不失爲近世的一個明君。惟今事與心違，而居於有如被囚的境遇。伊藤先生，你以此君還不足嗎？你的所謂輔弼的能臣，什麼地方可以找得？康有爲原是一個草澤的讀書人，雖然不免不切實際，濶於內情，但却略通大體，並得皇上絕對的信任；惟遭事敗，亡命（寄食）日本。伊藤先生，你仍然認爲康有爲不足以用嗎？我覺得教導他是日本的責任，我且相信，他亦願安承教。此君、此臣既不足以用，究竟應以什麼來挽救中國的時局？捨革命莫屬。目前，南方革命黨的領袖孫逸仙正在隱身日本，用不用他是日本的自由。今日，中國的情勢正如伊藤所說，非常危急。如果中國事敗，日本將受最大影響，與此同時，日本也立於對此局勢能夠有所爲的最佳地位和環境。現在已經不是顧左盼右，痴疑逡巡，欲言不敢言的膽小人所能生存的時候了。俄國、英國、法國、德國，不但敢言其所欲言，而且敢爲其所欲爲，毫無忌憚。獨日本的外交心膽如粒，眼孔如豆。我認爲，今後日本對中國的方策不外乎下列三案：

第一，援助現今的愛新覺羅政權，以改善中國，

第二，擁護皇上，號令天下，以組織新政府，

第三，團結民間的革命黨，推行大革命，以一新中國大陸。

欲行第一案，則非與俄國爭權於北京不可。而且更不可能以此督勵、安慰漢人民心以改善中國。至於第二、第三案如何，改日再縷述愚見。頓首。

十二月二十五日

最近我要提醒國人注意的是，英國獲得許可將在威海衛訓練清兵，又得總理衙門許可將於長江訓練湖南和湖北的兩千兵勇，正在跟兩湖總督張之洞談判中這件事。世人對此事做怎樣的看法不得而知，但我對英國的做法之遠大、有根據覺得不寒而慄。爲什麼？

現時的淸兵，除少數外，都是烏合之衆，其本領如何，早在中日戰爭考驗過。其所以如此，並非淸軍兵勇本身無能無力無氣，而是由於其將官貪汚，兵勇沒得吃，軍紀不振，號令不嚴所導致，這是稍懂得中國現狀者都知道的事實。因此，如果上有能幹的將官，恩威寬嚴得宜，號命明白，伸張軍紀，不吃其餉，給以文明的訓練和待遇，淸軍即時將爲純良的兵勇和軍官。

英國是列國中最長於駕御中國人的國家。在新加坡和香港，其與中國人互相利用順利展開她的殖民政策，可以爲證。英國如果以這種手腕來訓練淸國的兵勇，並愛護之，駕御有道的話，將爲英國建立最堅强的基礎。歐洲的所謂强國，在東方的和平一旦破裂時，最感束手無策的，就是由於風土氣候食物的不同，白人的兵勇損害健康，軍事無法持久這件事。前年，英法聯軍和中法戰爭當時就曾經發生了這種情況。最近，在呂宋的美西戰爭中，美軍的幾乎三分之二的兵勇成爲病人就是最好的例子。因此，英國要以中國人來組織其兵勇的確是一種遠見。我不想多費筆墨，祇想大聲問道：同樣建國於東方，同文同種的友邦且爲先進國家的日本究竟在做什麽？眞是愈想愈痛心！這或許是愛之過甚則憎之亦極的緣故罷。匆匆頓首。

一八九九年一月三日

康有爲一派的亡命者，曾經說服橫濱的中國商人，計劃發行刊物，並於上（十二）月，以「清議」的名稱發行了第一期。主筆是以文章聞名的梁啓超，體裁亦甚完備。每月發行三次。對於如今日這樣危急的清國命運，一支筆究竟能做什麼雖不無疑問，但畢竟比亡命者之嘆春花秋月還要「高級」一些，對於有文章癖的中國人多少或有益處。祇希望康有爲和梁啓超的筆桿，不使慈禧太后的怨恨對在其國內的朋友同志發洩，因其筆桿而製造新的政敵。我相信，他倆是知道留意這些事的。匆匆頓首。

一月十七日

北京電報說：四川省的余蠻子暴威洶湧，各地的土匪乘機蜂起四處，開始暴亂，對此種情勢不能染一指，而令其興起的清廷不能不說是可憐。在北京，近日有動用北洋的聶士成部或袁世凱部以鎮壓之議。四川之地離北洋甚遠，路又險。鎗械、子彈、兵員之運輸既不容易，清廷是否能移北洋軍一擊而平更是疑問。

而且，此類亂黨如不早日予以掃盪，潛在各省的反軍，如果揭竿而起，將爲天下的大事。它不祇爲清廷，甚至可能成爲關係東洋安危的導火線。平定它固然是清廷的責任，但她却如此優柔而無力。不平則起，起天下必大亂。日本應該早日提出不久的將來清國將發生大內亂的方針。但我並不主張日本干涉清國的內政，或者援助反軍。

二月十八日

謹啓，亡命者是可憐的，但無論在中國和日本，康有爲在今日的地位都是很可憐。

我之說他在中國可憐，是因爲他在中國的地位不穩固。從過去的關係，他自己的感情，以及他的理想，康有爲都想再度擁護光緒帝以更始維新的大業，但問題是他究竟能不能實現其理想，而欲實現其理想，則必須先恢復光緒的帝位。光緒帝非常信任康有爲，他稱呼康有爲先生，因此祇要光緒復帝位，康之復出則毫無疑問。若是，光緒帝的復位有沒有可能，這是當前最大的問題。

欲將皇帝由現今的悲境救出，並令其復位，恐怕唯有以下的兩個方法。一個是，恃外國公使的力量來復位；另外一個是以國內保皇主義者的力量來實現復位。依我的愚見，欲以外國公使的力量來復位的機會早已過去。因爲，外國公使如果有意於此，光緒帝被幽禁當時，或在今日以前就有所行動纔對。可是迄至今日，對於幽禁光緒帝他們並沒有任何表示，不特此，更與慈禧太后的手下做種種交涉，這不外乎是他們承認了太后大權的意思。因此我說在目前，要靠外國公使的力量來實現復位是靠不住的。

若是，擬以國內保皇主義者的勢力來企圖復位的情勢是怎樣呢？這也是有問題。因爲，光緒帝欲以漢人來擧更始維新之政使滿人大臣滿懷牢騷，由之滿人大臣中，沒有一個人同情他。本來，漢人之中雖亦有少數的所謂皇帝派，但這些人都已經失勢甚至失其地位，流落四方，不可能東山再起了。而就是想東山再起，也不能以普通的手段，亦即惟有訴諸武力，以革命行動來排除太后，才能實現光緒帝的復位。但今日的所謂皇帝派，究竟有沒有這種實力和氣魄呢？絕對沒有。漢人一向把滿清政府當做敵人，視皇帝爲父母的仇人。這是大家都知道的。碰巧，皇帝聰明，欲用漢人以圖更始維新之治，而漢人中亦有傾其心者，惟光緒帝與康有爲的改革旣缺根據和程序，又不顧前後，因此使有心人完全絕望，其少數的所謂皇帝派中甚至亦有皺眉者。

當時，旣不是皇帝派，也不是慈禧太后派的袁世凱，受到支援改革的密旨，唯唯退而密告榮祿，委實縮短了改革的命脈，這是由於他明知改革行不通但又不能抗拒皇帝的密敕，可是如果服從它，則非惹禍不可，因此遂唯唯退而密告榮祿，以策一己的安全。以日本傳統來說，他是不忠之臣，但在中國，他的行動是適當的，是值得贊揚的。他若果反抗皇帝的命令，他將卽時受到責罰，如果服從，他勢必遭到失敗。所以，就自我中心主義很發達的中國人來講，他這種擧動是無可厚非的。

如此這般，皇帝與康有爲的改革終於失敗了。今日祗有極少數的人想擁護皇帝繼續從事改革，其理由在此。至於要以國內保皇主義者的力量來恢復帝位也是辦不到的。現在退一步來說，就是依外國公使或國內保皇派的力量恢復了帝位，皇帝今日的健康和精力是否經得起改革的局面，就是能支撑其於一時，但不能支持長久，這是衆所週知的事實。因此，皇帝去其位後，何人來襲其位，繼其志，實在祗能說是洪水之後又來洪水而後已。

綜上以觀，皇帝的復位，幾乎沒有可能。這等於說，康有爲之東山再起，實在微乎其微。若是，康有爲果將袖手終其世，亦抑將結合在野同志以擾亂革命？以下，我想就康有爲與在野革命黨的關係稍做說明。

康有爲在廣州萬木草堂的私塾敎育子弟的時候，他的存在有如盧梭。他對他的門徒以理想來鼓吹的是美國的自由共和政體。他向其徒弟鄭重推薦的書是中江篤介漢譯的「民約論」、「法國革命史」、「美國獨立史」和「萬國公法」等等。他所以爲理想的人物是美國的華盛頓，且時以有見識的吉田松陰自任。爲了鼓舞其子弟的士氣，他特地買來「日本之變法由遊俠浮浪之義憤考」一書。

要之，當時的康有爲確不愧爲淸國思想界的革命王。所以我說他的存在猶如盧梭。我認爲，南淸（華南）革命黨在思想見識上高他地革命黨一等，康有爲的功不可沒。換句話說，在當時，康有爲和革命黨的關係是非常接近的。當然，革命黨中有人譏笑康有爲拘泥於文筆，但時機一到，我相信他們必將結合在一起的。迨至去年康之上書達天聞，獲准破格謁見皇帝，並出任工部主事，在野的革命黨纔與他完全絕交，更罵他爲賤骨頭的變節份子。

人不能事二主，這是古今的名言。康有爲如果堅持他的主張，他勢將爲皇帝的逆賊，若要接受皇帝的知遇，則非與主義爲敵不可。這是薄弱的人心難過義理人情，爭理想功名的地方。至此，康有爲選擇了與主義爲敵，接受皇帝知遇的道路。因此，革命黨人之罵他氣他不是沒有道理的。同時，有人爲他的改革失敗而高興也是基於同樣的道理。實際情況既如上述，康有爲與革命黨的携手合作，就是以化學作用也辦不到。

若是，他跟其他秘密團體結合的可能性又是如何呢？我認爲這也是不可能的。因爲，中國的秘密結社乃是以滿淸爲敵人而組織的，所以在他們心目中，既沒有皇帝，也沒有慈禧太后。因此，他們恨向皇帝低頭的康有爲，實與恨滿洲人沒有什麽兩樣，而且，以外教爲國教，採用歐洲服制的改革條目，更使他們憎恨康有爲。是卽康有爲在中國的地位眞是孤立孤行，其將來的處境將更是可憐。

康有爲在中國的地位既如上述，那麼他在日本的境遇究竟怎樣呢？一句話，同樣地非常可憐。無論從政府方面或民間方面來講，在北京的改革一敗塗地的康有爲決心亡命海外，乃以日本爲理想的救主。他被英輪救出抵達香港，經過各種波折，終得與日本當時的總理兼外相的大隈重信通其意。康有爲問說：「奉密詔求貴國之救並請保護康有爲」，大隈答說：「足下如來日本將予相當之保護」。於是，康有爲遂以滿腔的希望掩飾英國而逃到日本。大隈是否會兌現對康的承諾不得而知，但他對政治亡命者康是盡了十分禮的。可是，康有爲到達日本後不出十天，大隈執政期間康有爲未能見到大隈，迨至大隈下野後，康有爲始見大隈於他在早稻田的家。康有爲非常失望。繼而成立山縣有朋內閣，至此康有爲便成爲山縣內閣的累贅。對此我不能詳告，但我相信康有爲在不久的將來會到美國。要之，他對日本政府滿腔的希望，一變而爲滿腔的失望。

不但日本政府把康當做累贅，民間志士對康的同情也日趨淡薄。他們對於康有爲開始覺得厭煩了。當他在北京從事改革時，多少日本志士景仰他，想見他，但今日他們却以康非所想像的人物，改革的方法有如兒戲等藉口而欲去他。康之本領、人物該是另外一個問題，康有爲之所以爲康有爲，是他一手包辦清國的維新而失敗的人物。

果爾，他爲什麼失敗呢？第一，他犯了以爲擁護君權，在上諭詔敕上就能夠完成改革的錯誤。他既犯這個錯誤，自再犯第二、第三的錯誤。但他到底是鄉下佬，雖有學問，却沒有做事的經驗。所以對他實在不應該有過份的期待。在這一點，我贊成副島種臣的意見。他說；康有為如果成功就是豪傑，失敗就不是豪傑這種說法是不公道的，明治維新當時，那一個是眞的有成算？不都是盲目的？幸虧獲得成功，所以纔有日後的榮譽。因此我覺得，以成敗來論人品是不公平的。是以康有為這個人實在太可憐了。

嗚呼，康有為在中國的地位，和在日本的境遇既如上述。今日，眞正誠心誠意照顧他的唯有實地的○○君和此地的○○君。他離開日本後，不知道歐山美川將如何對待他。在志風消沉，俠氣湮沒，祗有利害的外交世界，任何地方似乎都沒有歡迎他的餘地。惟優遊歐山美川，得聊洗智囊，此行對他亦不無幫助。

三月二十日

由橫濱中國商人於去（一八九八）年創辦的大同學校，爾來日益壯大，其學生，包括男女已超過二百名。前些日子，該校的幹部，拼命運動擬請犬養毅先生為該校名譽校長，最近犬養先生答其所請，並於十八日正式上任，我曾敬陪末座，玆就當日情形，略述如左。

犬養校長一行，以大隈重臣爲首，高田早苗、大石熊吉、平山周、中西正樹、柏原文太郎，好作模裝樣的望月小太郎、大隈的兩名隨員和我十幾個人，於上午十時四十分搭乘由新橋開的火車，於十一時許，抵達橫濱車站。許多中國人在車站迎接我們，並備有數輛馬車。隨接待人員之招呼，搭上馬車，遊行市內大路，路傍人山人海（我是初次坐馬車在外邊逛），抵達大同學校門口時，學生排隊，有關學校的中國人胸前佩章，列隊門內敬禮，行至休息處，則有茶點的款待，重要的中國人都來遞名片，並致謝意，最後學生分成六人一組，排隊前來向犬養校長和大隈爵士行禮。此時使我最驚奇的是，女生也在隊裡行禮這件事。在今日日本，這並不稀奇，但對於男女之別非常嚴格的中國人來說，這可以說是破天荒的事情。爾後，一行由幹事嚮導到校內，先拜聖像，然至禮堂，學生和中國人都列隊在那裡候着。犬養校長遂上講台，發表演說，其大要如左。

「我在童年時代就受孔孟的教育，至今尙崇奉孔孟之教，因此我的信仰和各位的信仰是同其基礎的。這次各位推我爲名譽校長，我之欣然接受，其理由在此。

孔孟之教，其言簡而意深。一言以蔽之，則仁這一個字。將這個字應用於天下的事物，則是修身齊家治國平天下之學。所謂將其放諸六合則彌，隱之則密藏是也。中國是三千年來以孔孟之道而立的國家。文明的基礎在於孔孟之教。因此中國的人民皆具有文明的因素。唯可惜，這三千年來，他們祗重孔孟之教，而不顧其他事物，在這過程中，西方各國在形而下學科有過驚人的進步，萬般的事物由之發生了大變化。弓箭瓦礫的戰法，遂成為歷史的陳跡，而變為鎗砲軍艦之戰。孫子十三篇兵法的蘊奧至今仍屬不朽，否，我相信它將與天地千萬年同不朽，惟其所用武器機械與昔日者大異其趣。換句話說，中國在形而上無形的文明超過歐美，但在形而下有形的事物確比歐美有遜色。今日，中國在（國際）政治上、外交上常常受外國的侮辱，其地位瀕於危殆，就是因為她的有形的事物遠不如歐美所致。

但是，各位如果覺醒，奮補其短，力爭上游，我相信中國要與歐美並駕齊驅，甚至迎頭趕上，決非難事。日本可以為證。三十年前跟中國立於同樣地位的日本，自開始注意外界事物以後，在很短時間內，便有驚人的進步。這如果是像非洲沒有做為教育之文明基礎的國家，則不可能有如此急速的進步。由於已經整地施肥，所以無論種稻子、麥子或小米，都會長得很快。如前面所說，中國已有很好的根底，現在需要的祗是移植西方的事物（物質文明——譯者），移植之後，經過一、二十年，一定能與歐美分庭抗禮。

中國地大人衆，一旦這樣進步，則不僅能與歐美並駕齊驅，而且不難後來居上歐美。但我希望中國趕上歐美以後，不能像歐美之於東方，分割外邦，征服異國。教育的本質在於發揚人道。人道不分彼此，也沒有人種之分，更沒有西方、東方之別。何況中國、日本或你我？我所望與各位共同研究形而上和形而下的學問，同時立於人道並肩濶步天下。

犬養校長的演說，在鼓掌喝采中結束之後，一行被領到中華會舘，在這裡大隈伯爵發表了一場演說。首先他祝賀這次中國的各位在此地創立一所文明的學校，邀請犬養先生出任校長，並說犬養先生雖然來自鄉下，但今日無論在政治上和社會上都有非凡的信用和勢力，其次鼓勵學生說將來必由此校出現能左右中國大勢的人物，續而强調中國各位商人集義捐以建立此校是實踐孔子的所謂仁，仁之所向，天下無敵，它與耶蘇的愛，佛的慈悲同其歸趣，他引用犬養先生的演說，以稱贊發起人的盛情厚意，實在非常恰當。然後有任何會必演說否則頭會痛的望月的演說，英語教員中國人某氏的英語答辭，最後是在會舘的中、西餐歡宴，席間有學校總理鄭氏和大隈伯爵的演說。下午四時許，賓主盡歡而散。參加者，留日中國人三百多人，學生二百人，一共五百多人，盛大非常。

當天下午五時，在横濱千歲樓擧行了東京專門學校（今日的早稻田大學—譯者）的校友會，大隈伯爵（大隈是早稻田大學的創辦人—譯者），犬養先生一行皆列席，一行搭乘晚上九點十三分由横濱開的火車囘東京。

關於大同學校的緣起、學課等等，擬在下次通訊中詳細報告。康有爲將乘後天（二十二日）的和泉丸往美國，由美國到英國，然後再囘到日本。以上，匆匆不宣。

本文原刊於自一八九八年十一月九日至一八九九年三月二十五日的「九州日報」。譯者從它選擇譯者認爲值得翻譯的部份。

（譯自「宮崎滔天全集」第五卷）

一九七八、四、三十、東京

中國革命或問

四、五天前，有一位好奇的某實業家，想聽聽中國的革命談，而邀請與孫逸仙同爲中國革命黨的重鎮，從前年一直在兩廣、雲南方面做軍事總都督，在那裏指揮但戰敗的黃興，一方面慰勞他，一方面對革命的過去與未來，互相交換意見。現在，我以傍聽者的身份，摘錄主客應答的要點，以供有心者一粲，但我絕無意強酒客以餅。

主人說：我是一個商人，但對於你們棄家，棄父母兄弟妻子，冒生命危險，漂泊江湖，歷盡滄桑，千辛萬苦，而仍插足險境，一心一意從事革命，實在非常欽佩，不過眼看幾次幾乎將要成功而又告失敗，如果許我說一句不客氣的話，這是不是由於你們的計劃錯誤所致？請在不洩漏秘密的範圍之內，賜予回答。

客人答說：我們並沒有打敗仗，清兵是很弱的。去年春季，自革命軍佔領鎮南關以後，我便深入內地，以兩百之兵，跟清朝大軍打了一年的仗。眞的打了幾百場仗，但從沒打敗過。我的部下，祇死了一個十三歲而勇敢的少年兵。但清兵每次都打敗仗，而且死得很多。有一次，清軍之間，不知道是自己人，竟彼此打了半天的仗。因而我們遂乘隙大破其軍，敵軍潰散，捕獲其軍旗和軍馬，結果發現這是我老朋友的軍隊。軍旗被奪是奇恥大辱，朋友一定沒有面子，所以我將軍旗還給他們，軍馬我統統要走了。

說實在話，跟清軍打仗，與遊玩沒什麽兩樣。惟我們最感頭痛的是，常常子彈不够。沒有辦法，祇有把軍隊集中在一起。下來就是沒糧食，這時唯有解散軍隊。因此祇要有子彈，我們一定勢如破竹。上個月雲南之戰，如果能攻陷蒙自，可克其省城。如能掌握一省，各省同志必將聞風起舞，整個中國將爲戰場。因此我說祇要有足够的子彈，要打倒清朝，一點也不困難。子彈問題就是錢的問題。能買任何東西。滿清政府雖然在大叫辰丸事件，但這是不必躭心的。我們可以從德國和法國大量地輸入（軍火）（註）。

註：此篇原文刊於一九〇八年十一月十六日發行的第六十五號「警鐘新聞」。譯自「宮崎滔天全集」第五卷。一九七八年四月五日，　總裁逝世三周忌於東京。

（原載一九七八年七月二十五日台北「政治評論」）

家憲十則

我並不以一家之朕自居，但對諸君因一日之長，故制定此家憲以諮諸君。希望諸君評議，善爲判斷與體認。

一，我之一身，乃依前輩知己友人之同情而立。衣食亦皆賴此輩。諸君生存於我家，實因其餘澤。因此諸君對他人不可缺人情。須知，生於同情者，當死於人情。

一，同情該感謝，但不可求，因爲，求而不得則恨，卽同情之本義亡也。須知，同情之本義亡之日，則我家亡之時。

一，仰賴同情乃是求同情之第一步，爲避免陷於此轍，唯有奮起自立之心。職業不分貴賤。克己復禮，一日工作數小時，自不難維持生計。須知，如是始得眞正之同情。

一，以他人之短處，以匡自己之短處；以他人之長處，以養成學習其人之心。以人皆爲我師時，愛憎之念，自然消逝。須知，言他人之非，乃自己修養之不足。

一，聚妻不必選容色美者，但當選醜惡，忽重學問而重其品德。順從爲婦德之第一義，此人必貞節。不正經者，既不貞又礙先生之意志。須知，有地位財產之女子、，外觀順從，實際極其自負，且愛虛榮。

一，嫁人，與前條略同。首當觀其品德。一旦嫁出，絕不可說嫉妬話。破此禁忌與先生吵架破壞一家和平時，該自退過單身生活。須知，女子之見二夫，乃毀身之本。

一，天地之清新，在於晨早。觸晨早之空氣，人之精神將極爽快，唯其爽快，故一家之事物亦將爽快進展，反之，晚覺生妄想，妄想疲腦，腦疲人鈍，有如尋物於黑暗之家中。須知，早起乃立身與家之本，睡晚覺爲家破人亡之源。

一，身體健康與否關係一身一家之興亡。而最簡便之健康法爲水浴，亦即凌晨觀星浴冷水，不啻將强健身體，亦爲心靈之洗禮。如此身心煥發，將成高遠之大志。須知，身體虛弱必心神薄弱。

一，無論再貧苦，絕不可有反人情（性）之行爲。勞動神聖，此乃不可移易之眞理。須知，從事反人性之工作而倒者，將盡失世人之同情。

一，須知，祇要不斷努力於着眼高處，着手低處之修養，將來必有成功之一日。

我深覺家道近於衰亡，此皆爲我不德之所致，惟我深怕諸君如不能覺悟，則無法挽救此危局。萬望諸君自省自勵。

宮崎寅藏　謹識

註：此稿從未發表過，似撰於一九〇九年二月六日。（譯自「宮崎滔天全集」第五卷）

一九七八年四月六日於東京

（原載一九七八年七月二十五日台北「政治評論」）

東京消息

宮崎滔天

一九一八年五月三日

編輯長足下：最近，中華民國的客人陸續而來。唐紹儀君一行；湯化龍、林長民君一行；岑春煊君、譚延闓君的代表張翼鵬君、彭程萬君；北京新聞記者團一行；喇嘛僧一行。最後的台灣土蕃君一行，不能不說是一種諷刺。

除台灣土蕃君一行外，其他諸君，據說乃秉承參謀次長田中義一之意招請而來。招請南方的唐君一行和北方的湯、林兩君一行，其目的之在談判南北的安協，幾成爲公開的秘密。

這些人來到東京一個多月，談判沒有什麼進展，因此某大臣遂托余與問唐君說：「以恢復舊國會的條件，選擧徐世昌爲大總統，陸榮廷爲副總統如何？」唐君答說：「任命總統是國會的權能，非你我所得任命，政治不是生意，不能以交換買賣爲事。」某大臣啞口無言。

評者說：在外交，唐君高此君數等。我認爲，某大臣把唐君當做孩童，但却被唐君當頭一棒。某大臣之言是不僅愼的外交辭令，而唐君之言則旣據理義，又直截了當。前者是玩弄的，因此反被玩弄而失敗，後者拼命而認眞，所以以其道義的勇氣而能够完成其使命。如此這般，在東京的南北安協談判，在未進入本題之前，就不歡而散。（一九一八年五月十二日）

十二月三日

編輯長足下：前日所奉告黃興君的追悼紀念碑已經完成，並定於本月七日擧行揭幕式，當日一定會很熱鬧。黃興君逝世當時，據說曾經有人提議要在上海設立一所紀念他的學校，但至今未見其踪影，且反而在日本建設其紀念碑，實在莫明其妙。當此兵馬倥偬之際，建校雖然不易，但建碑自不應有任何困難，而他們竟未這樣做，的確對不住黃君。我不啻爲黃君個人發此言，而且更爲大家婉惜。

身爲黃興君的同志友人而眞正憂國愛民者，自應先愛其同志。對於爲革命犧牲者和死去的前輩同志不能尊敬和具有友情的人，怎麼能愛其國民？我認爲，忽視此種眞情的政治運動一點也沒有意義。

近日，對於孫先生寫長信給美國總統威爾遜一事，日本的一些報紙評爲這是孫先生無視日本，意圖拉攏美國的表示，但我以爲這是一種神經過敏，是小器的證明。

如果這些人對孫先生眞的那麼關心，他們自應該好待孫先生，使其得以成功才對。可是目孫先生爲「理想狂」，視孫先生一派爲「空論派」，並把他們置於民國政局之度外的這些自稱專家，今日竟說這種話，實在可惡至極。

根據我的見解，以孫先生和黃君爲首的一派，纔是中國最理解日本並盼望與日本從事興亞之大業的一羣，因此如果日本和日本人能以他們爲中堅，以復興中國的話，民國的國基早已奠定無疑；惟因日本無一定的方針，亦卽由於日本政府當局的胡扯外交和民間的盲動，使革命派和中國國民驚慌失措，眞是可惜。所以我認爲，我們不應該怨人家，而應該怨自己。

日本是個不喜歡理想的國家，日本人是事事講人情的國民。因此他們無從自覺理想將支配世界，空想將成爲世界的大集團如潮水般地將到來。如以此種態度以對明日的世界，則無異以空拳與世界爲敵。其危險，莫此爲甚。（十二月十日）

十二月十七日

編輯長足下：在中國問題聯合大會的名稱下，各種團體有志的聯合大會，今日假上野精養軒舉行，並對中國的南北政府及公私團體發出勸告妥協和平的電報，我看其出席人馬，實不無一種不可思議之感。

在這些人之中，有復辟論者，有擁護南方者，有支持北方者，更有南北分立論者，這樣立場不同的人們，忽然聚首一堂，贊成南北妥協，以全體一致通過拍發勸告妥協和平的電報，你說怪不怪？

其他的暫且不談，頭山一派的護法主義者和川島浪速一派的宗社專家竟聚於一堂，互相握手，以主張南北之妥協，就是中國人，也必吃驚於他們的這種豹變。君子哉，君子哉。

報載，上海的國民黨人士，得知召開此會的計劃，數日前遂拍一電給頭山一派的「日支協會」說：「妥協雖為吾等所冀求，但非基於道理之妥協將是一時的，禍機隱伏其間，紛擾勢必再來。吾等之憂在此，敬請明鑒。」

據說，以前軍政府特使章士釗來日時，「日支協會」諸位宴請章士釗於頭山公館，並問其來意，章說軍政府有意妥協，寺尾亨君便說「此事不能置之不理」，而今日竟如此轉變，眞是奇怪。國民黨諸友，一定由此而感到不安。

兄弟應該和好、妥協，這可以說是人人的希望，中國人自不例外。今日南北以干戈相見，實非得已，這是公平的觀察者所公認的事實。但日本政黨者流却把它當做跟他們自己一樣的政爭（權力鬥爭）。此種看法姑暫不談，我覺得日本的一般國民是南方護法派的同情者。而爲其代表機關且以頭山君爲首的「日支協會」，竟也投身勸告妥協的旋渦之中，眞是人心難測。

俗語說，勉其聚一者，必不持久，勉強的妥協更將如此。南方人士曾經嚐過幾次這種慘痛的經驗，如再嚐三次四次，可謂愚蠢至極。漫然勸告妥協，無異要人家重演其愚。他們說，應該順從世界大勢。若是，他們自應助國民黨以成其志。願頭山一派不忘初衷，貫徹其志。（十二月二十四日）

一九一九年元月十七日

報載最近由上海回國的長谷警保局外事課長的談話，我覺得蠻有道理。它說：「……排日思想好像很激烈，這似由於一部份的日本人輕蔑他們，在經濟上壓迫他們，或虐待他們所致；又東京的房東和車夫欺侮過他們也是個很大的原因；此外誤解日本政府政策的中國人似也在拼命煽動排日思想，……。」

我以政府官員長谷君親自到上海非常難得，更爲他們觀察客觀而高興。老實說，中國的排日思想，其責任全部在日本和日本人。

正如長谷君所說，中國留學生來日，首先吸其血的是房東（包住吃的房東，日人稱爲「下宿屋」——譯者）。這些人以留學生不諳語言和習慣可欺，因而大事剝削。甚至於把妓女打扮成女學生介紹給留學生，由之從中撈得其一半。

其次是車夫。他們對待留學生，簡直是對待瘋瘋。而且極盡剝削之能事。實在沒有一個人能照顧或同情他們。到學校，日本同學既不予一顧，教師祇背其講義，除上課外，沒有任何娛樂，就是自稱仁人志士者，也完全不管他們，遑論富豪紳士？他們在這樣冷冰冰的社會完成其學業回國後，怎麼不氣憤日本人的無情？不氣憤纔怪呢！

日本人不僅在日本國內欺侮他們，在中國大陸也驕傲到極點。對車夫苦力更不必說，就是做買賣，日本人也常以金力壓迫他們貪圖暴利（以○○、○○洋行爲代表）。現在退一百步來說這尚可忍，但日本的扒手貸款政策無異是煽動排日。這樣還在喊叫中日親善，我眞不知他們的用心何在？

長谷君說「誤解日本政策，……」。或許有些誤解也說不定。但在大體上，這可以說是正解。譬如最近的寺內內閣時代的對華政策，援段主義的失敗，不但在解決中國問題上失去千載一遇的良機，而且使問題的解決更加困難。援助段祺瑞一人，以得罪全部中國人，實在愚笨透頂。

現在我們再來看看稍前的大隈內閣時代的對華外交，它一方面勸告袁世凱延期就任帝位，採取同情南方護法派的態度，但另方面卻煽動把布加普君發起復辟運動，其外交政策之支離破碎，使中國人啼笑皆非。及至袁世凱死，它又强迫人家妥協，造成今日禍根，令南方中國人心灰意冷。凡此，不但不能令中國人心服，而且簡直是提供挑逗性材料。這樣還以人家的排日爲非，則不外乎要求人家放棄國家（國民）的利益，以盲從日本，這不是胡鬧是什麼？

日本人動輒說中國人忘恩。但我們日本人對中國人衹有威，沒有恩。我不認爲中國人忘恩。總而言之，中日如果眞的要親善，日本人必須先行改其根性，改其行動乃可。（一月二十四日）

二月二十六日

據傳說，原內閣鑒於過去對華外交的失敗，擬撤消中日軍事協約和參戰借款，準備從頭做起。這是否事實雖不得而知，但希望是如此。因爲如果這樣下去，就是再大喊中日親善也是沒有用的。今日招人疑惑和成爲衆人指斥的對華問題，事實上大多是大隈、寺內兩個內閣失策的結果，因此對現今的內閣來講，確有値得同情之處。但今日如果內閣沒有一新其政策之勇氣的話，它自免不了承受其惡果。而且，爲了維持其內閣，也確需這樣做。

要一新對華政策，並非難事。祗要摒去一切野心，捨去擴張領土的非望，尊重中國的主權，愛其人民有如愛自己國民，以堂堂正正的方針和主張，公開行事的話，所有疑惑將隨之而消，中日隨時隨地可以眞正地親善起來。但欲這樣做，必須先掣軍閥之肘，使其陰謀無得逞餘地，亦卽不能許參謀本部多嘴外交。（三月七日）

三月五日

對華外交陷於僵局，因而日本政府正在頭痛。這不是偶然的。因爲它以左手倡和平福音，勸人家妥協，右手却偷偷地援段祺瑞以武器。它雖說這武器並未用於討閥南方，但誰不知道這是詭辯。日本軍閥甚至能變送段祺瑞的武器在途中會被張作霖軍搶去的把戲。所以就是再誓言百次，也沒人會相信。這種騙小孩的小聰明和虛僞的外交，對中日兩國的外交祇有大害。日本政府當局如果不能澈底改變這種作風的話，所謂和平會議、中日親善，都是空論。希望當局三省乃可。

不啻對中國，在巴黎會議也是一樣。日本既不許外國人所有土地，又限制中國工人自由入國，但却要求人家答應這些，實在沒有常識到極點。日本人這種主張，當然不會有人肯接受的。諸如此類的妄動，祇有被世界譏笑，實一無益處。因此如果欲解決這些問題，則必須以堂堂正正的態度，以人道正義爲武器來做他們的要求。如果這樣做而尙不能到達目的時，再來脫離國聯也不爲遲。

日本的病根，完全在於爲情面而無視義理的價值。如講道理，則以爲這是書生論；如談理想，則視爲狂人。直而言之，日本旣無哲學，又無理想，亦即沒有一貫的主義。她時或模倣法國，模倣德國，模倣英國，但都祇模倣其皮毛，不能體會其深奧意義，這是由於她沒有一貫的大精神所導致。面臨今日的變局，對時運不能有所貢獻，而任憑列國代表擺布，大丟其臉，可以說是無哲學、無理想、無主義之國民所應得的報酬。在這裡，我們祇責備代表（國聯的日本代表—譯者），是確有點過酷。但今日如果不能剷除這個病根，日本則終拜世界之後塵而後已。老實說，現在已經太遲了。（三月十一日）

五月八日

由於巴黎的人種問題的失敗，而陷於悲觀的日本政府和國民，正在驚喜於山東問題成功的外電，今年又適逢日本皇太子成人的一年，以爲將有非常熱鬧的局面之際，突然傳來北京的排日運動（五四運動—譯者），並在東京發生中國留學生的國恥紀念日示威，這不能不說是莫大的諷刺。

山東問題的成功，我雖然也希望跟我（日本）政府和國民一起高興，但山東畢竟是中國的一省。不是有山東纔有中國，而是有中國纔有山東。日本如果獲得中國的利權，勢必失去中國的整個民心，迫使中國人成爲排日的國民，若是，那裡還有什麼利權可言？

有人說，中國人背後有某某國在煽動其排日，以便坐享漁翁之利。這是一定的。這還要用說嗎？集世界之憎惡於一身者，還要說誰誰壞，實在不是大和民族所應有的態度。我認爲，日本政府和國民，應該趕緊冷靜反省其所以爲世界憎惡而孤立的理由，從而確立其根本的國是纔對。

維新以還五十多年，當時明治大帝所發佈的大詔炳實有如日月。這個大詔纔正是日本國民所當遵奉的唯一國是。但當局却不瞭解大詔的深奧意義，而予以曲解、狹釋，捨棄坦坦王道，專走小徑，更歌頌德國式的軍國主義，行覇道於世，而終陷於今日的孤立。日本政府和國民，不知道有沒有走這條路到底的決心和勇氣，如果有，那就好。如果沒有，你們應該趕快回頭是岸，回到原來的王道去。

今日，局勢實在已經不許我們再優柔寡斷了。在四面楚歌聲中，我們萬不可有尋求他人同情的念頭。沒有確切的方針而祗空擺架子更有害而無益。在顧左右前後，躊躇逡巡的時候，或許可怕的偏激思想將驅國民推翻國家（政府—譯者）而後已。千萬不要說日本沒有這種憂慮，我們且已看到它的暗流了。

老實說，最可憂的是日本的現狀。周圍的情勢且不談，在國內，軍閥者流的勢力尚未完全消熄，佔領主義者的劍光並未收其影。民主主義的思潮，雖然彌滿於學人、學生和下層社會的一角，但尚未照耀全國的每一個角落。形式上的忠君愛國的虛勢雖然已經衰落，但眞正能爲忠君愛國而犧牲的義烈之士却尙未出現。擧世仍在渾沌狀態，不知何時始得底定。嗚呼，興乎亡乎，我實不知其歸趨。

日本國民實在太習慣於天祐了。在天地自然，有山水之美，氣候很順。人人以缺乏發展海外之勇氣，營營於島國爲無上的幸福。日本之所以慢於列國在海外發展，其理由在此。迨至戰勝清國和俄國，日本國民便皆意滿氣驕，稱中國人爲「清國奴」，叫俄國人做「露助」

，一心一意想搶奪辱東北、蒙古和西伯利亞，軍國主義到達其高峰之日，正是日本陷於孤立之時。嗚呼，這是誰的罪惡？

日本人如果不能改其所謂「露助」（rosuke）、「清國奴」（chiangkoro）、「幼伯」（yobo）、「毛唐」（keto，洋鬼子）等用語，並以高尙的人類感情以對待列國人一天，則將孤立一天。因高邁的理想而孤立是可貴的，包藏野心而孤立纔是可憐。（五月十五日）

五月十三日

何天烱、張繼、戴季陶三君招待日本記者並交給他們一文，其主旨不外乎是要求日本改變其傳統的外交。其所言旣率直而又有道理。但如果東西不爛，則不會生蟲；日本軍閥外交之所以出現，是因爲有足於引誘它的腐爛東西的緣故。這腐爛東西是什麼呢？就是中國的軍閥官僚。

因此，日本國民之打倒日本軍閥，以改變日本的傳統外交，不啻對中國問題，甚至於在世界政策上，是刻不容緩的大事，而且中國國民之消滅中國軍閥官僚，以建設基於主義的共和國，也是當前的急務。（五月二十一日）

六月十三日

根據上海電報通信的報導，中國排日運動的排外化，以及偏激化，係由南方派名士孫洪伊、戴季陶兩君所策劃；而性急的報紙，更把兩君的照片和列寧的像片登在一起，以湊熱鬧，但事實究竟如何呢？

我不相信這是事實，世人也可能是半信半疑。但如果尋其來龍去脈，檢討其過程的話，似也不能斷定完全沒這種事。試分析之。

孫洪伊君和戴季陶君，是徹底的親日主義者，都是欲藉日本的力量以徹底改革中國的人物。可是他們的這種期待，不但完全齟齬，而且被寺內內閣時代的援段政策全盤破壞，因而反使他們開始敵視日本。但他們仍然忍耐，因為以日本通自任而忍耐。他們認為，軍閥政府的壽命不會太長，祇要出現政黨內閣，必對中國有利。

及至政黨內閣成立，原敬首相聲明將繼承前內閣的政策。對於中國政策，它雖然標榜不偏不倚，但在實際上不能更改前內閣的政策，終於糊裏糊塗地與列國聯合，發出南北妥協的勸告。

我認為，所謂南北妥協，對列國雖然是件好事，但斷非為中國。對於唯利害得失是視的列國，沒有一日的和平則有一日的損失，所以列國要促進南北的妥協，但這對中國實在是「增添麻煩的好意」。至少對於南方人士，這確是「多此一舉」。我不敢說南方的全部，但我敢說其一部份實通世界大勢，具有順其大勢的主義和理想；而在中國實現此主義、理想纔能實現亞洲門羅主義，從而能夠主張與白人的平等權利。孫君、戴君就是。

具有此種主義、理想的人，與北方軍閥主義者不能相容，是不待煩言的。是卽新舊思想的衝突，就是天也不想給予調和（解）的。可是日本政府當局却把他們當做是在爭權，以為祇要一兩個人讓位，天下便相安無事，而欲强以妥協，令冰炭相容，這決非識者所應為。

據說，當日本當局一開始策劃妥協，日本駐中國的某武官便以如不妥協，列國將來干涉來慫慂；南方憂國之士，則因深怕出現此種局面而勉强（不得已）贊成召開和平會議。其內情既然如此，所以和平會議也就遲遲不能召開。而和平會議就是開成，也不能永續，這是顯而易見的。

總之，南方人士之失望於日本是極其明顯的事。若是，他們會投靠美國嗎？不會的。因為這不但反其初衷，而且他們早就識破美國是披綿羊外衣，內藏虎狼心腸的國家。中國人更知道所謂門羅主義是阻碍世界進步與和平的舊思想，因此自不甘受美國的頤使。若是，他們將往何處去？祇要他們尙有氣魄志操一天，他們當然自會另找出路。

是的，他們雖爲革命的主動者，但實權却爲隔壁的漁翁所奪，無由實施其主義理想，他們所恃賴的日本，却斷然拒絕他們，並與他們作對的「女人」搞在一起。此時銀鞍白馬的暴發戶雖向他們頻送秋波，但不齒於賣節給美國的他們却爲花言巧語所騙而苟安於一時，所以他們身雖爲中華民國，亦卽自己所創新共和國的國民，但在實際上是亡國之民。亡國之民亦當忍，而日夜與進的世界風潮，却將洗清國墻，摒除一切，這是亡國民的唯一光明。是卽死於國家生於世界乃是今日的時代，這是亡國民所該走的唯一捷徑。

我並不相信上述的新聞報導，但如果前面的報導是事實的話，我深信中國人的心情必然是這樣，所以除予他們以滿腔的同情之外，尤以日本的對華政策爲憾。但還有疑問的，就是他們共鳴於列寧主義到何種程度這一點。

我並不像世上的盲目的忠君愛國主義者一概排斥列寧主義。但列寧主義者所主張的所謂社會主義，實太過於以社會爲本位，滅絕個人的自由。以我個人的見解，社會主義一轉變便爲共產主義，而所謂共產主義，將令人類生活變形爲軍隊生活。這決非人類的幸福，也不是天降生民的目的。而我之所以不歌頌列寧主義和社會主義，其理由實在於此。

但鑒於世界的現狀，我相信列寧主義將來勢必破壞世界的現有組織，並將世界置於黑暗。我相信今日的國家組織，如果不能改成以人類爲本位，必具有被破壞的命運。今日且已開其端，剩下的祇是時間的問題。我認爲，破壞後所將到來的光明世界是，以個人自由爲本位的人類的新社會。現在我無暇評說它，祇向傳說贊成列寧一派的孫洪伊、戴季陶兩君及具有同一傾向的人士說此以供參考，並促缺米糧的日本人反省。（六月二十日）

六月二十六日

中國的排日問題，眞是很麻煩。據說，現在雖然比較好一點了，但除非是出於眞正瞭解的好轉，其重起將不可計其旦夕。據我個人的看法，現在的好轉，絕非瞭解的結果。

目前最急待解決的是歸還青島。此事於參戰（第一次世界大戰—譯者）當時就已聲明，爾後雖然更迭兩次內閣，但爲了國家的威信，我們萬不可食言。日本政府當局本擬早日聲明的，其所以未能聲明，據說乃由於當局與軍閥之間有意見的衝突所致。近日山縣有朋到東京，原敬首相常常訪他，據消息靈通人士說，是爲了這件事。此事不知將如何了結？

有許多日本人對於中國人爲山東問題吵鬧不以爲然。這是由於這些人以歸還青島爲既定事實（毫無疑問）所使然。但事實上其內情並不那麼簡單。因爲，無疑地，這是對於大隈內閣時代聲明要歸還青島這件事，滿肚子牢騷的軍閥們所擁戴的頭目寺內的出現，而所做的軍略上的一種花招。

雖然如此，日本現在內閣鑒於國家的威信和最早的聲明，以及爾後四周的情況，確有意歸還青島，惟怕軍閥的箝掣而不能斷然實行，實在遺憾。這是以「熟柿主義」取得天下的結果。換句話說，不以力量而以情面取得政權的報應；是迎合軍閥之意，甚至於給田中義一以大臣位子的因果。眞是不像話。

當局既然有意歸還青島，其將早晚成爲事實，是不容置疑的。但歸還青島以後，中國人的排日風潮還是不能即時一掃而光。當然，會多少緩和些，但欲舉中日親善之實，則日本必須一變其對華政策，與之確立於正義人道之上，同時對台灣、朝鮮等人民必須予以平等和公正。不特此，日本人更必須在精神上體會此主旨，改變其侮蔑他人的利己態度。

對於我這樣說，或許有人會反駁道，我們不必那麼迎合中國人，而應該採取斷然的手段以威壓他們。但這是瘋子的說法。這種人纔是最甘心美國排斥移民，感激英日同盟而流淚者。如果有人說此者流是忠君愛國，那麼忠君愛國實在最輕而易舉了。唯有自正者，爾後纔有權責人。有此權，纔會產生「雖千萬人我亦往矣」的勇氣。不走此道而玩弄威武者，必自招孤立，滅亡其國。

我認爲，日本以往的對華政策和對台灣朝鮮政策，不是人道的和王道的，而是軍國的侵略主義和利己主義的流露。惟稍微可以打折扣的是，在以往尙需對抗俄國的軍國主義。可是在今日，俄國的軍國主義已與其帝政一起崩潰。何況新俄國絕對否認侵略主義（這句話與事實不符—譯者），國聯禁止單獨的軍事行動。因此今日確是日本改變軍國主義外交的最好機會。不知現在的內閣，有沒有這種覺悟和勇氣？（七月二日）

七月十六日

日本自由的泰斗板垣退助先生，於今日凌晨四時正，以八十三高齡，與世長辭。他是明治維新的功臣，是日本憲政之母。日本憲政至今雖未臻於完善之境，但不久將達此境，則爲人們所不疑。

往年，他在岐阜演說中被刺時所說的「根垣雖死但自由不死」這句話，確是千古不朽的名言。自由黨日後變成政友會，經由伊藤博文、西園寺公一而至原敬總裁，政權歸其手中時自由之精神雖然已死，但一般國民却由元老、軍閥、官僚的壓迫覺醒，並看出黨閥之弊，因而拒它欲創自由之天地。是的，自由黨雖亡，政友會雖衰，但自由終於未死。

大隈君評板垣先生說，偏狹，或許對。但如果宏量是變節妥協的別名，偏狹是忠於主義之結果的話，我寧願支持板垣君的偏狹。我敢說，日本上下，終始於主義，持清節而不渝，處貧苦而泰然自若，以尊貴的高士一貫其生涯者，唯板垣先生一人而已。

因先生之死，使我聯想到刺客相原（尙褧）。他是刺在岐阜演說中的板垣先生的人。由此他被判處無期徒刑，在北海道風寒獄中呻吟幾個星霜，後因頒佈憲法而獲得大赦，出獄回到東京，目擊時勢的變化，不堪感慨今昔，回顧其不明固陋，不勝慚愧，而終於決心敲板垣先生之門，求見先生並謝其罪。

先生欣然引見他，以溫言相慰，以眞情指示其方向，並說爲其前途願意盡力。相原聲淚俱下，感泣而退。他且恥且自責煩悶，終於決意離文化帝都，擬在北海道山中度其餘生。

如此下了決心的他，準備完成，再度造訪先生，奉告其志。先生聞之不禁同情，遂爲他給北海道長官，以及其他朋友寫介紹信，並分給本來就剩餘不多的金錢若干。相原祇有以眼淚謝謝先生。無言的眼淚實勝於千言萬語。他在航海途中，終於跳海自盡。

相原的見識雖短，但其心腸極純，至誠報國乃是他的信條，映在他心目中的自由黨，是一種破壞黨，所謂國會，在他看來無異是奪君主大權於人民之手，因此他要殺其黨魁板垣先生，然後自殺以甘其心，其心機不能說不悲壯。

然而，他未能達成其志，被投獄北海道，而社會則沿進步之軌道，頒佈他所厭惡（爲國會之準備）的憲法，家其餘惠他竟變成青天白日（清白）之身，竟覺無置身之所，祝賀頒佈憲法的東京市民的喚呼，對他簡直是譏笑他的不明。

他向他的敵人板垣先生罪謝，俾以減輕其煩悶於萬一。迨至見到先生的溫顏眞情，更苦於良心的苛責，欲爲山中之人未果，而終於死在北海。嗚呼，時代的罪乎，不明的罪乎。我以今日的所謂愛國者沒有他那種血性漢，以先覺者自居的人，沒有先生的熱情而悲哀。（七月二十四日）

八月十六日

我曾經警告對華新借款團不管是關係中國存亡的重大問題，而且對日本也是個重大問題。果然，此問題似於本（八）月十三日，在外交調查會以重大問題討論過。

其詳細內容，自不是門外漢所能窺知，但據外間傳說，當日，內田（康哉）外相接受有關國家的提議，主張將包括滿蒙的一切利權與列國的利權全部放棄，重新再來，可是田中（義一）陸相却主張把滿蒙除外而反對內田所說，其他的大臣也各發表其意見，最後主張把滿蒙除外的一邊獲得勝利。

在這兩種意見還沒辯論以前，我未能向日本政府當局和日本國民，就是否應該參加該借款團這件事做進一步的分析而覺得可惜。

老實說，所謂對華新借款團，是想喝中國的血，以枯其肉的亡國的借款團。如果瞭解中國的滅亡將使日本陷於不安，日本自應該斷然拒絕參加這個借款團。

可是政府當局却要說，如果拒絕參加，日本有陷於孤立之虞。算了罷。日本的孤立不是將來的事，而是現在的事實。日本還會有今日以上的孤立嗎？實祗有依其所信，勇往直進。唯可惜的是，已經錯了第一步。

的確，當有關國家提此案時，不管有意或無意，如果已聲言要參加，就是錯了第一步。然而，及至今日如果堅持把滿蒙除外以參加此項借款團的話，則將踏上第二步的錯誤。因爲這將使列國和隣邦中國國民更懷疑日本的軍國主義。

如果日本自早就有堅持把滿蒙除外以抵抗有關國家的決心的話，提案當時爲什麼不拒絕參加？如果日本以該借款團有危害中國的獨立之虞而予以拒絕，以名正至少可以得到中國有識之士的同情和諒解。軍閥者流之頑迷不靈，終於無藥可救。

這些軍閥者流開口閉口說，「我們幾萬同胞在此地流過血」。山東問題亦受此種牽制而使外相聲明過遲；這次的滿蒙問題，外相與陸相之間也有糾紛，最後以「同胞流過血」這句話陸軍省壓倒了外務省。

同胞流血，當然可貴。一心一意爲了祖國，他們纔願將一身比諸鴻毛之輕而死去。爲何堅持山東滿蒙而干與國家將來的外交？何故爲一隅一角而協助失去全局的愚舉，從九泉之下來支援軍閥？死人無嘴，祇是爲軍閥的軍略所利用，將國家陷於悲境而後已。

我無意漫罵軍閥；祇爲歷屆的內閣不但不能統御軍閥，反爲軍閥所誤，將國家百年的大計附諸東流而慨嘆。過去者還情有可愿，但以所謂政黨內閣自居的現在內閣，尚且爲軍閥所控制，白髮宰相（原敬）的才幹，至此說來也實在可憐。

日本的現有政黨與民衆的意志既然不能兩立，而所謂政黨內閣的短處在今日又暴露無遺，而這，對民衆來講是有益的。軍閥與民衆既是水火；如果政黨與民衆的關係是犬猿的話，改造運動可以說已經邁進了它的第一步。現在正是時機。（八月二十四日）

九月九日

日本人動輒就要侮辱中國人爲「清省奴」。但平心靜氣來說，日本的國情並不比中國强。詳而言之，在商業道德上，日本人遠比中國人差，這是大家所公認的。譬如官界的若松鐵工廠收賄事件、山田憲事件、東京稅務員事件，在上層社會，則有茨城縣多額納稅議員選舉事件、富人的漏稅事件等等，其腐敗情形，不堪一一描述。這眞是有辱大和民族的招牌。

在政治方面，日本差得更遠。中國的志士，犧牲生命、財產完成革命。且爲護法戰鬥再三。日本人不應該因爲護法成績不盡人意而就非難他們。在今日日本主張改造、黎明的人們之中，誰敢眞正犧牲其生命和財產？不要說明治維新的志士，自由黨時代的志士，中國的志士，連最近的尾崎行雄、犬養毅等的活動都不如。這樣的人，還夢想做改造的先覺，簡直是開自己玩笑。這樣的人，還敢侮蔑中國人，眞是無禮至極。

往昔，猶太人以上帝的「選民」自詡的國民。後來爲羅馬蹂躪變成亡國民，因而更淪爲世界無國可歸的流民。日本國民以大和民族自豪。在要侮蔑他國人的一點，日本人不亞於猶太人。今日，日本的腐敗達於極點，並成爲列國疎惡的目標。因此如果不趕緊反省自覺，在不久的將來，日本必有後悔莫及的一天。不可馬虎。（九月十五日）

九月十五日

根據消息靈通人士說，日本政府當局決定變更最近的對華不借款政策，而將跟過去一樣予以財政援助。理由是：一，北京政府窮得無法發軍隊的餉，爲之有再發生動亂之虞；二，有現今的北京內閣崩潰，政權將落在〇〇系政客的手裡之虞。

又說，日本政府當局懼怕激進派比帕百斯篤還要厲害。如讓中國這樣窮下去，軍隊將激進化，從而勢非踏俄國的覆轍不可。日本國民之恨〇〇的殘暴甚於老虎，若任隣邦爲其所欲爲，日〇的衝突終不可避免。今日日本當局再變對華政策，倒轉舊態，雖然決非它的本意，但在南北妥協問題曠日彌久，不知何時始得結束的今日發生此事體，乃是大勢之不得已云云。

此種說法，有它本身的道理。借款政策的轉變可以；援助北方亦可以。其結果日將壓迫南方，促使南方更親美也沒關係。問題在於：北方的官僚軍閥諸君會不會像日本政府當局信賴他們那樣地信賴日本。

北方吹來的風，對我悄悄耳語說，我不相信會這樣。要知道：排日的動機不在美國或英國，而在於你們所信賴的北方的官僚和軍閥。如今竟不知其欲藉口國家輿論以廢除二十一條和軍事協約的用意，實在可笑云云。

我曾就此事一再思索。冷靜熟慮再三，終於首肯北方吹來的風之所言。什麼意思呢？我們且換個地位來想想。不要說二十一條問題，或者軍事協約，舉凡出生中國而爲中國國民者，我相信不會有人歡迎以往的日本對華外交的。如果有，那就祇有無視國家生民，急於私利的小人，和巧言令色之徒。此輩之有面從復背的行爲，自不足怪。

自來，軍人的頭腦是很單純的。這是武人所當然的事。老實說，單純纔是軍人的美德呢。可是，當他們超越其本分而參與軍事以外事的時候，其美德遂被連累而有低能兒之概。日本軍人竟不思及玆，而自中日、俄日戰爭以後，遂驕傲無比，由之助長所謂軍閥外交之弊，因而近者招致隣邦人的怨恨，遠者惹來歐美人的疑惑，終使日本陷於孤立之境。今日，日本不但不領悟其非，而且意圖完成其非，你說危險不危險？

他們的最大弊病是，對上司屈膝，對下司驕傲；視白人爲上司，目同樣人種爲下司。他們認爲，中國國民是愛錢的國民。因此用左手給錢，用右手揮軍刀，亦即以所謂恩威兼行的行爲便可令中國人服從。嗚呼，這是祇看一面不知其另一面的說法。中國官僚或許是愛錢的動物，但同時却也是天生的外交動物和事大動物。列强無假過問的大戰（第一次大戰—譯者）時代姑暫不談，在列强競相比手的今日，他們之準備「靠攏」是意料中的事。對學生們訴說他們的困難立場，愁訴軍閥外交的凌人氣勢，凡此都是他們「靠攏」的準備和他們保身的大道。

要之，軍閥外交是低能外交，盲目外交。將一國外交托於此輩，天下還有比它更危險的事嗎？（九月二十三日）

一九二一年元月二十二日

在我們所知道的範圍之內的今日中國，具有能夠適應時代的社會經綸者，實舍孫中山先生莫屬。今日雖然有許多人在開口閉口社會主義、社會改造，但如果要他們拿出具體方案的話，則很可能沒有一個人能夠拿得出來。在這一點，孫中山先生毫無疑問地是其第一號人物。孫先生的人格學識，自不可與一夜之間成爲改造論者流同日而語。南方志士和國會議員在其創業時代，放棄自我，將其一切交給孫先生，可以說是有先見之明。但如果事情不順利，則全是孫先生一個人的責任。希望孫先生好自爲之。

最近，我覺得最高興的是黃一歐君做了故鄉長沙的市政總辦這件事。自其嚴君黃興逝世以後，他與其一大家族始終不能安頓，過着非常悲慘的生活。現在，大概可以安頓下來了。萬望湖南早日安定，黃君能久居安全（定）的地位。湖南如果不能安定，人民實在太可憐。

黃興君的次子厚端君，去年很順利地考取東京的一高（第一高等學校的簡稱，是當年日本最好的高等學校，考取東京帝大最多的是此校—譯者）。他的風貌體格很像他父親，學業優良，其氣宇亦不遜於乃父。黃君如有靈，必定爲此而在高興。（不詳）

四月九日

我接獲孫中山先生當選大總統的電報，這雖然是預期的事實，但却是軍政府的一個進步，是孫先生踏上實行的第一步，更是南方派發展的前兆，殊值得慶祝。

非常國會予孫先生以幾乎全部的獨裁權，可以說是聰明的果斷。因爲在欲實現新理想主義於今日中國，並完成統一全國的偉大事業之際，如果想完全以國會的決議來實現這些事體的話，將使國會成爲學術研究機構，以國家爲實驗台，從而增加更多的糾紛而後已。

而且，我覺得他們以孫先生爲獨裁的大總統，洵得其人。在整個中國大陸，除他以外，實在找不到第二個人出來擔任適應時局的大總統。無論在學問見識，抱負經綸以至人格，都沒有人能够出其右者。

世上或許有人批評孫先生是理想家或空論家。但他的三民主義却遠比列寧的共產主義穩健而可行。它可以說是一種社會政策。我深信他的主張將受中國人歡迎無疑。如果硬要在今日中國實行無政府共產主義，那簡直欲以竹子來接木同樣地荒唐。實現復辟，無異是欲把日本的政權交給蝦夷人。凡此都是不值一駁的愚論。

孫先生及其一派的主張，二十餘年如一日，從未有所渝。而其未能成爲實行的題目（對象），乃是由於他們的主張與中國國民的思想懸殊太大所致。但在今日，這兩者的思想已經接近了。時代令他們邁進了實行的時期。今後他們如果失敗，那就不是時代的罪過，而是他們自己的罪過。

不久以前，我曾在廣州目睹孫先生及其同志們的奮鬥情形，相信天下事可期其成。今日接獲以絕對多數推選孫先生爲大總統的電報，眞是歡喜若狂。但我仍有一點憂慮，憂慮日本人是否仍以孫先生爲理想家、空論家而不肖一顧。如果眞的棄而不顧，將不僅是日本的不幸，也是亞洲的一大不幸。（不詳）（譯自「宮崎滔天全集」第二卷）

一九七八年元月二日　於東京

為「擾亂金融」辯誣

宮崎滔天

我的朋友兒玉篁南（右二），於七月七日，以詐騙、竊盜、擾亂財界的罪名，被近來頗負盛名的赤坂警察署的警察抓去，並被移送法院偵辦，東京的幾家報紙，且以二號字爲標題，亂說兒玉是元凶，萱野長知和國會議員中村彌六是幫兇，但公正的法官却以沒有證據，而於七月二十二日，准許兒玉回家。

可是，「朝日」、「國民」、「每日」、「日日」、「報知」、「讀賣」等各報，却又以種種惡意標題，來大肆攻擊以兒玉爲首的我們這班人。天生神經遲鈍的我們，對這種無理取鬧，雖然也覺得很生氣，但終以我們的不德所導致而「認命」了。可是萱野却因此而被乃父斷絕父子關係，加以散居東西南北的朋友們皆紛紛勸我們撰文反駁。於是知道寫人家壞話時要大書特書，更正時却以六號字刊在不容易看見的地方是報紙的慣技的我和萱野，遂不得不於七月三十日，向法院提出這些報紙毀損我們名譽的訴訟。與此同時，承「日本及日本人」的義憤和好意，特別給我們篇幅，由我來辯白所謂擾亂財界事件的眞相。

南遊的順序

報紙說，我和兒玉南遊是事件的開端，並說我倆繞大連、北京請人拍假電報，凡此都是沒有事實根據的謠傳。事實是這樣的，我因在香港的中國朋友的電請正在準備南遊（遊華南之意—譯者），正當此時，兒玉也奉當局之命要到華南去調查抵制日貨的實況，於是我倆遂聯袂於四月二十二日由新橋出發，到大阪訪問同志尾崎行昌，與其清遊暢談一整天，爾後告別尾崎到廣島造訪兒玉哥哥，數小時後直往長崎，面晤東洋日乃之出新聞社的福島熊次郎，於二十六日，搭乘日本丸前往上海，惟以生病，我未上岸，兒玉單獨往訪被人們譽爲上海之聖人的井手三郎，他吃中飯後回船，翌晨離開上海，五月一日抵達香港。

如上所述，在此次旅途中，除上述幾位外，未見其他任何人，在香港時，本想到廣州去看看，但領事以我倆與革命黨有關係，恐引起不必要的是非而勸我倆再三考慮，因此沒去成，而祇在澳門呆一天，辦完事後，於五月十三日，就乘加茂丸匆匆回日本。所以，如果有人相信由香港拍假電報的人的話，那不外乎是當時在香港的某通訊社通訊員，往東京拍「自稱革命黨員來港與中國革命黨員猛吃猛喝」的電報，意圖用以中傷我們的壞蛋有計劃的勾當所惑。可惜，在香港，我沒遇見過此位仁兄。

加茂丸由香港直駛神戶。我倆在神戶和名古屋各住一宿，然後由三島到修善寺，在此地住了三天，爾後又經過三島，徒步早先的箱根街道（大道），住箱根旅舘，兒玉住一宿就回東京，我則呆了四天，十八號始返東京。兒玉是那麼忙的人，而為了顧及我的健康，竟這樣陪我，實在感激不盡。

與孫逸仙、黃興會面

六月七日，黃興突然來到東京。同日，我的朋友內田良平邀我去說龜井英三郎警視總監問他孫先生是否十日將抵達橫濱，並問我。我答說，沒有人告訴我此事，並說可能是誤傳就告別。九日早晨，幾年沒消息的朋友池亨吉突然來訪，並拿出一封電報說：「這是孫先生來的電報」。這是用英文寫的，它說：「明十日與宮崎訪橫濱蒙古號」。池又說：「數日前孫先生從夏威夷來電報說已經往日本出發。爲了孫先生的登陸事，我曾經面會赤坂警察署署長，請他介紹警視總監，他替我報告警視總監後對我說，如果化名的話就沒關係，因此孫先生的上岸已不成問題。孫先生大概不知道你是否已經由華南回來，所以纔打電報給我，由我來約你」。於是，我遂寫信給內田說明事情的經過，並請他向當局建議能對孫先生採取寬大措施；另外我又往訪兒玉，托他也能幫忙，因得到吉報，遂於十日十二時由新橋往橫濱出發。

到達橫濱後，我便訪問潛伏中的黃興，並與當天一早就跟黃興在一起的萱野見面，得知孫先生居處，我就趕往福岡屋。此時池正在跟水上警察署長爭論，孫先生在躭心交涉是否能成功，而急等着我，他一看到我趕來，遂站起來跟我握手，並一起到隔壁房間，問我情形如何。在那裡費盡心血交涉的池也來了。我告孫先生以吉報，他喜色滿面。他告訴水上警察署長我們應辦的手續，水上署長暫時告退，孫先生將名字改爲阿羅哈，由福岡屋搬到西村旅館。亦卽投宿福岡屋的孫逸仙高野長雄，一變而爲夏威夷的紳士阿羅哈，而改住西村旅館。

登陸問題，對於亡命者孫中山如何傷腦筋，當不言而喻。何況在西村旅館，有如唇齒的盟友黃興在那裡等着。在西村旅舘樓上的一夕，他倆談了些什麽，自非我們所能得知。不特此，就是連往年在鎮南關之役與其共生死，現在且同宿西村旅館的池亨吉，也不知道黃興竟也是在這家旅館裡頭呢！遑論其他的同人？至於警察更不必說了。就此事，如果警察要怪我們，我們是願意接受的。又，對於習慣於遵守「非直接有關係的人不告訴」之規則的池亨吉，以及各位同人，我願意奉告當時報紙所報導的李經田就是黃興，我想你們不但不會責備我，而且會高興吧。

黃興與中村彌六、松下軍治等會面

六月十一日，孫逸仙、否，夏威夷的紳士阿羅哈下榻我家。為了混淆偵探的耳目，黃興於是夜來到東京棲身某處。小石川警察署的警察，不僅全力警衛阿羅哈，而且非常親切，更為阿羅哈找房子。他們跟橫濱的警察，實有天淵之別。至此，遠來的賓客和我們纔鬆一口氣。其所以如此，是由於往年因某事件（布引丸事件）而跟我們反目的中村彌六在背後幫忙所致，這是兒玉告訴的。有一夕，我告訴賓客這個事實，這位賓客遂露出無以形容的喜色說：「以為已死的同志今日竟再生實在太好了」，他稍思片刻後又說：「耶穌說，不是敵人就是朋友，何況同情我們的人？我們革命主義者的軍事組織之中，必須具有宗教上寬容的德」。我對我領袖的胸懷感佩不已，遂寫一信，告訴兒玉以此崇高的義人所說的話。

而黃興與中村的會面，實緣由於此。是即一直跟中村是好朋友的兒玉，遂乘此機會，百般努力於拉攏這兩者。結果終於十九日在日本俱樂部見面。出席於此次會面的是黃興、萱野和我三個人。我們深謝中村幫忙解決孫先生的上岸問題，反此，中村預祝黃興的前途光明，然後對我表示佩服我守節操十年如一日，同時對往事稍稍有所辯解，說當以蓋棺論定，並以後會有期而告別。此次會面簡短乾脆，沒有任何隱謀密議。一言以蔽之，由於兒玉的努力，透過黃興，以重溫中國革命黨同志和中村彌六的舊誼爲目的。

爲了使此次會面更具意義，中村似乎欲對革命同志有所貢獻，以實現他蓋棺論定的想法。不要說中村，就是普通人，凡是曾在中村處境的人，我相信都有這種念頭。我認爲，這種念頭促使中村介紹黃興和松下軍治於二十一日見面於上野精養軒，在金子會面於二十三日。

無論在精養軒和金子，主賓都是中村，但我和萱野都沒參加，祇有黃興的朋友同時又是中村之知己的兒玉出席，會後我聽兒玉說：「松上握着黃興的手，用不倫不類的中國話與其交談雖然有些可笑，但不大懂日本話的黃興却因此大壯其志，以爲東洋尙有如此俠士，我們的命運並未墜地而高興，可見他倆眞正肝膽相照」，而高興極了。

在金子，除松下外，據說三浦逸平和武部某也出席。四年前，三浦曾經某知名之士的介紹與孫先生見過面，因此我爲黃興能得到有力之士的同情而歡喜。此次面會，兒玉作東，我沒出席，萱野當日在大森伊勢源，等到見面快結束，中村打電話給萱野，萱野纔去陪黃興回家，因此所謂商量縱火南京，兒玉恐嚇了松下等，完全是胡說，而黃興對我再三讚揚他們的義心，更證實了這一點。現在退幾百步來說，他們之間就是眞的有了共同縱火南京，切斷電線之誓約，而中途竟食言公開此事，這畢竟還是不義的行爲。若是，爲黃興所感謝所稱讚的俠義之士松下等人，以後有些什麼行止？這是我們所最關心，最感疑問的問題。

賓客離京、兒玉被拘

當時，阿羅哈的住屋已經決定，既繳了押金，又完成了一切準備，並將於明日搬進去的二十三日，小石川警察署署長突然訪問我家的賓客，密令他於二十五日離開日本。這眞是青天霹靂。因此賓客決定明（二十四）日離去，可是我們却不能瞭解君子國當局豹變得如此之快。於是遂往訪兒玉，透過某將軍和中村，請當局變更此項決定。幸得某大臣的好意，謂若以某種口實，可多留一陣子。我們將這消息轉告賓客，賓客雖然感謝某大臣和中村的好意，但覺得不痛快，遂於二十四日前往神戶，搭乘安藝丸，到南洋去。此時，萱野代表同人，陪賓客到神戶。

在這以前，孫先生來到橫濱以後，一般都以爲黃興也會到日本來，警察也常常這樣問我，但我每次都以謊言答覆他們。而且，不知道爲了什麼原因，當局非常注意我們的行動，尤其派人跟踪兒玉和萱野．迨至賓客離開之後，纔停止跟踪。這時發生了一件滑稽事。就是陪賓客到神戶，回途順便落脚大阪的萱野，對兒玉打了「 gan 的問題進行的怎麼樣？」的電報招致了當局的誤解。當局將「 gan 」當做英文的「 gun 」來解釋，實在是神經過敏。毫不知情的兒玉，對萱野回電報說：「 gan 的問題請托中村」，於是萱野遂打「 gan 的問題請趕緊拜托」的電報給中村。但其實電文中的 gan ，既不是洋鎗，也不是大砲，而是姓顏（日音爲 gan — 譯者）人正在大連的萱野的中國朋友陷於困境，他請中村和兒玉設法救濟，而中村和兒玉又請某將軍幫忙，因而纔有「 gan 」的電報。既在從事中國革命，再笨也不會把鎗砲直譯英文來打電報。

於是從在大阪的那一天起，萱野又被警察所跟踪，在京都下車去看朋友時，也是一樣，所以東京的同志們以爲有什麼新的情況，而偷偷寫信問我，這更是可笑。

不祇是萱野，對於兒玉和中村的跟踪也日嚴，如上所述，這是由於「 gan 」問題而來，因此還可以附諸一笑，但麻煩的是怎樣纔能跟黃興見面的問題。如果帶人（指刑警—譯者）去看黃興的話，那就沒有潛伏的意義了。所以祇有偷刑警的耳目而爲。由於這種原因，我們曾經再三甩掉跟踪者，我們這種做法，對警視廳我不敢說，至少很可能引起了兒玉轄區的赤坂警察署的反感（生氣）。

黃興與中村在精養軒見面，報紙登過（但未登松下，松下主持的「大和新聞」報導成孫先生與中村會面）。而警察找黃興日急，因而我們曾令黃興搬家數次，更一再甩掉警察。這樣一說，或許有人會以爲我們跟黃興之間有什麼隱謀，其實啥也沒有。最近，有黃興的首級懸賞超過孫先生的二十萬兩而爲三十萬兩的傳說，加以爲了孫先生的上岸問題，我們有嚴守黃興在日本的秘密的必要。但我相信，二、三位大臣一定知道黃興在東京。

近日，爲了糾正被報紙報導得好像與本案有關這種錯誤，我曾經親自訪問各報社，並與說兩三年跟兒玉沒來往，且對兒玉公開聲言他是被害者的近藤賤男，於七月二日在兒玉宅見面。恰好，赤坂警察署姓吉田的刑警也來訪。大家遂談起來，結果發現數日前的喜劇是這樣產生的。事件發生二、三天前，近藤訪問兒玉宅，告別後準備踏出兒玉家門時，刑警吉田剛剛趕到。刑警眼看這位不像日本人的近藤，疑爲是黃興，遂跟踪到三田，並問他「你是不是黃先生？」近藤知道對方是刑警，因而半開玩笑地故意給他曖昧的回答，並繞了繞，到新橋車站纔把刑警趕回去。將近藤誤爲黃興，但由於離譜離得太遠了，因此後來大家都笑黃興吃了大虧。

翌（六）日，我又訪問兒玉，下午四時左右回家。隔天早晨萱野來說，昨天黃昏訪問兒玉的時候，正好兒玉被警察逮捕，並被搜查住宅。萱野並說，他將到赤坂警察署去跟他們理論，而要我去探望兒玉家人。我非常驚訝，馬上趕到青山的兒玉宅。當日的兩三家報紙說，我和萱野跟主人的兒玉在酒宴中，兒玉被警察逮走的。如果是單純的報導文或浪花節，這樣或許比較精彩，但這完全與事實不符。

探望了兒玉宅之後，我順便到了萱野的住處，可是他還沒回來，但等了不久他就回來了。他說，赤坂警察署署長公開聲言兒玉的「罪名」是詐欺竊盜，完全與革命黨沒關係。詐欺竊盜！全盤知道最近的兒玉之行動的我，頓時覺察這是警察別有用心的舉動，是藉搜查住宅以圖發現黃興和有關中國革命黨之秘密的苦肉之計。搜查他的家，究竟扣押了什麼？除上述萱野的「gan」問題的電報，我的一封信，和要呈給某大臣的華南調查報告書外，啥也沒有。這些文件與詐欺竊盜問題有什麼關係？在縫紉店銀次一案奏功的本堂赤坂警察署署長，似乎決心要把兒玉當做小盜，這實在太危險了。不過，最近連西將軍都被當成小偷帶到赤坂警察署去盤問（調查），所以住在同一警察署轄區的兒玉，被當做詐欺竊盜，恐怕還算佔便宜的了。

新聞報導與兒玉的出獄

兒玉被捕的第二天，亦即八號報紙的標題却變成「擾亂財界問題」，而且我、中村彌六和萱野長知都被報導成好像是同謀，還有我們不知其名的所謂關係者股票經紀人和一些無賴的名字。這可能有什麽底細，但又不能明瞭其眞相；祇要兒玉出廷，事理自會明白，因此決定採取放任主義，所以雖然有知己朋友忠告，我們都沒有要求報紙取消或更正，而聽其自然。不過據中國朋友的說法，宋教仁曾被警視廳傳問，警察示宋教仁以扇子，並要他鑑定是不是黃興寫的字，和寫給誰的，但都不得要領。

幾天後，寄居我家的胡飛卿也被赤坂警察署傳訊，他回來後說，它寫着武部先生囑，下面署名黃興，聽說過在金子的會面黃興曾在扇子揮毫的我遂判斷：很可能是武部這個人爲了達到某種企圖，而拿出這把扇子做證據來誣告。不過我對武部某一點都不知道其人格，所以我這種判斷是否正確實在毫無把握。因此，說來說去還是祇有等着兒玉出庭以後的結果。但兒玉的預審情況一定也不清楚，而更痛覺兒玉的可憐。

七月二十二日，我往訪萱野。他說：「因接到兒玉今日將出獄的電話，所以正想到你那裡去。」對這意外的消息，起初我不大敢相信；然後遂到兒玉宅，時間到了便前往市卡谷監獄去接兒玉。果然，兒玉穿着外掛、裙子（日本男人的禮裝，日語是袴羽織或羽織袴—譯者）意氣昂然地從獄門出來。我握着他的手說：「天氣這樣熱，眞倒霉，這是寶貴的犧牲，……

……不過很快就……」。他又把我的手握得緊緊地說：「對不起，叫你多操心了，但法官到底是公正的。現在萬事都明白了，這樣反而好」。於是聯袂回到兒玉的家，一起舉杯慶祝。

結尾

如此這般，以詐欺竊盜罪名被逮捕，被報紙說成是擾亂財界事件之元兇的兒玉，安然出獄了。由此，這一莫須有的事件也告了一個段落。可是，上述的那些報紙，竟於二十九日，又異口同聲地大寫特寫所謂擾亂財界問題，說於二十八日此事件眞相大白，連累者陸續被捕。但是，二十八日那一天，正是以物證一時被扣押的文書，檢察廳透過赤坂警察署還給兒玉的日子！你說胡鬧不胡鬧！

有人說，我們給松下軍治騙了。他苦於不能支撐所購股票的下跌，遂檢舉我們擾亂金融，以圖股票的漲價，俾減少他自己的損失，是卽他幹了企圖抬高股票價格的勾當。也有人說，松下與赤坂警察署署長同謀陷害我們。我們不喜歡也不能亂猜以毀損人家的名譽。不過從報紙那種不負責任的態度來判斷，或許裡頭另有文章。我跟萱野向法院控告這幾家報館，固然是爲了自衞，但同時也以希望由此能夠知道根本的眞相爲目的。

說實在話，我們已經明瞭它的眞相了。惟既然已訴諸於法律，自應循此途徑以待其結果，這是爲什麼在結尾我不願意表示我自己意見的主要原因。此點請各位讀者能予諒解。又，老實告訴諸位，黃興於七月十七日，悠然離開了東京。辦事人員如果不把黃興當做假的，對上面既無法交代，更無逮捕兒玉的口實。但眞的黃興自六月十日至七月十七日，一直安居在東京的中心地帶呢！現在如果把這個地點說出來，恐怕將爲自任爲世界第一的日本警察無能的證據，所以我還是給他們留點面子吧。

現在要說的是，關於做爲中國革命主義者的我們的立場。我們的力量雖然很有限，但爲這個主義，我們確曾盡了一些力。惟身爲日本人的我們，畢竟是同情者，是客人。當然客人也可以。但是，在我的祖國日本，却有人譏笑我們說是好奇的瘋子，嘲笑我們爲自稱革命黨員，甚至於把我們當做國賊看待。我們之所以不介意這些事，不外乎是鑒於世界的大勢，回顧中國的現狀，確信中國革命是必然的，同時際此轉變的大機，爲使祖國不致於走錯路而然。換句話說，我們的本願是，欲使祖國脫離有如拉着盲人的手與列強對峙這種現時的消極的東亞和平的時代，進而使其與文明、進取而勇敢的中國國民携手，俾使我們的祖國不落後於列強之間，從而建立東亞的和平於積極的永久基礎上面。我們日日苦心，就是爲了這一念。唯這一念使我們心安理得，令我們驕傲，而百戰不撓，再接再厲，以至於今日。過去，日本政府當局曾將欽慕我國而來的安南志士，爲了討好法國政府，强制提走，將在各國幾受國賓待遇的孫逸仙，視爲對清外交的障碍而逐出，我們認爲只要做這些事的小村壽太郎擔任外務大臣一天，做爲中日兩國之紐帶的我們的存在是必須的。老實說，我們一點也沒有犧牲自己祖國，以成全隣邦革命的念頭。那敢擾亂金融，或藉革命之名以營私？衆愚自不必談，除非有識者或多或少的鼓勵，實在受不了。日本雖不廣，我們亦有一些知己。他們同情的一語，對我們簡直是金鵄勳章。祇要我們有此金鵄勳章，就是遇到天大的艱難，也決不會發瘋。而祇要不發瘋，我們絕不會幹擾亂金融、詐欺、竊盜、殺人等等沒有常識的事。這點，請諸位大可放心。

註：此篇原文原刊於一九一〇年九月一日在東京發行的「日本及日本人」雜誌。

（譯自「宮崎滔天全集」第二卷）

一九七八年三月二十二日　於東京

關於中國留學生

宮崎滔天

廢止科舉

不管怎樣頑固執迷的政府，都不可能與時勢作對。知道曾經欲令漢民族成爲賤骨頭而襲用下來的科舉，在今日却與漢民族變成滅亡它之禍根的滿清政府，終於廢止科舉了。說它果斷，確是一種果斷。但時勢却造出更新的時勢，且大有非打倒滿清政府不可之概。這就是革命的暗流（時勢）。

新學勃興

漢滿兩個民族的互相反目並不始於今日。是以使漢民族開始瞧不起滿清政府，乃由於中日戰爭的結果，而使其更輕視滿清政府的是，日本之戰勝俄國。這兩個戰爭，給予漢民族一種自覺。這個自覺就是戰爭的勝敗繫於文明的程度。至此，他們目睹了文明的曙光。此時廢止科舉，實有如旱天之甘雨。新學於焉勃與。

留學海外

他們在國內，祇能透過絕無僅有的翻譯本以叩新學之門。這當然滿足不了他們的欲望。今日在東京所以有一萬以上的留學生，其理由在此。中國青年之所以要留學日本，其理由有四：一、文字相同，容易學習；二、距離不遠，來往方便；三、比歐美國家生活便宜；四、同樣是黃種人，以爲較易獲得同情。

佳賓珍客

中國是早婚的國家。因此，留學生中，九成左右的人都已經結了婚。有妻兒的人要留學海外，其情可憐，其志可貴；其中一部份是官費留學生，是與將來政治比較有關係的人。有的是鄉費留學生，選拔自地方世家的才子，其他的是所謂自費留學生，多是中流以上家庭或書香的出身。要之，他們是中上流階級的代表，中國的接棒人。

國家經濟

這種人士之陸續來留學，是日本的榮譽。如從國家經濟的觀點來看，他們是非常重要的顧客。現在假定中國留學生有一萬人，每人每月化四十元，則每月在東京將化四十萬元。就中國四億人口來講，一萬人簡直是九牛之一毛。如能好好輔導和照顧，不幾年，中國留學生或將增一、二十萬人。這是值得識者三思的一點。

商品銷路

尤其值得我們注目的是，在不知不覺之中，他們變成了日本商品的「推銷員」這件事。他們之中有的甚至有來自四川、貴州、雲南者。何況交通便利的湖南、湖北、浙江、安徽各省。無論暑假回國，或者學成歸國，他們都攜帶許多東西回去，並教國人如何使用這些商品，因此日本商品之銷路，日有長進。

清日密約

以上是我對於中國留學生的粗淺觀察。可是日本人對他們的態度却使我不勝慨歎。據說，日本政府當局，就留學生問題，曾與滿清政府締結密約，以防範革命思想的抬頭。一國威信的掃地，莫此爲甚。但這種防範會有效果嗎？

一語甚重

據說，日本政客某某訪問兩湖總督張之洞時，張喋喋誇言上述密約。某某問：爲何締結此種愚約？張答說，如令學生自由接受軍隊教育，革命的危機或會因此而消失。某某說：革命或將推翻現今的政府，但却不致於亡中國。但沒有兵力的國家，將爲外國所亡。你以孰者爲輕孰者爲重？張啞口無言，這實可謂一語重於泰山。

盡開學店

尤其令人痛心的是，以營利爲目的的對中國留學生的教育。日本雖小，以東亞的先覺自居的日本，雖然富豪不多，但不是沒有馳名世界的人。我們不但沒有爲中國留學生建學舍，聘良師，親切指導，反而藉種種口實揩他們的油，與做搖錢樹者，比比皆是。

招生有道

這些學店對留學生的勸誘方法，實猶如下流旅館的招攬客人者，亦卽在橫濱輪船一到，他們便拼命散發廣告傳單。其校舍稍具規模者，則在其簡章上盡列博士學士大名，以吸引留學生的注目。但實際上來敎的是其他的人。

教育資格

不過對於學術程度不高的他們，實在不需要有博士學士頭銜的敎授。不特此，有頭銜者大多傲慢成性，所以對於語言能力不足，理解力不够的中國留學生更不可能有懇切的敎導。我認爲，祇有誠懇而至誠者，亦卽以開導中國人爲天職者始能勝任愉快。

無識驕傲

昔者有言，勇將之下無弱卒。我說，學店之下無良師。所以，對於好講道理者則叱之狂妄，甚至罵爲「清國奴」，更視講革命者爲叛徒。大部份敎師都不懂得中日兩國不同其國情，更有欲强制中國留學生以詔書敎育者，簡直是胡鬧，無禮至極。中國留學生之「不佩服」

，確非偶然。

無學理國

日本雖有學術，但却無學理；有國體而無哲理。言論、集會、結社等自由在日本法律上成爲空文，乃是不久的過去所證明過的事實；因此來日本想學習自由民權的精髓而眼看這個事實的中國留學生，不知對此將做如何感想？所以，日本的教育家，如能令失望於日本立憲政治的他們多學些純粹學理，則屬萬幸。

最大遺憾

俄國的學問大多來自瑞士。因此純理而簡明，極端而激烈，帝王神權的基礎遂爲之動搖。我以日本之於中國留學生，不若瑞士之於俄國留學生爲憾。滿清政府與俄國政府，其强弱之差固然不能同日而語，但來學之士識破日本立憲政治無眞正自由而聊以自慰。這叫做他山之石。

包圍攻擊

他們要取日本之長，棄日本之短是應該的。但令失望於日本政治、學理、學校和教師的他們產生輕視日本之心實在可惜。（包吃的）房東指他們的油，扒手、小偷虎視眈眈，下女替代買東西要一成半的小費，野妓打扮成女學生，以妖眼來誘惑，得病即爲醫生之餌。老實說，他們在夾攻中求學。因此我深爲日本的威信而悲，爲中日兩國的將來而憂，更爲中國留學生的處境而不禁流淚。

無信不立

不但如此，他們到書店去買書的時候，書店則給予加價。其他日常用品，回國時的禮品更不必說。他們雖然不知詳情，但久而久之則會覺察被欺。回到上海發現東西較比便宜的他們，自不會再在東京買禮品了。如此這般，重要的顧客遂一去不返。古人說，無信不立。今日的日本國民太無信用，萬望日本人三省而行。

謬見二則

一般日本人，自中日戰爭以後，常以侮辱中國和中國人爲能事；反此稍微懂事的人則以中國的覺醒將成俄國以上的大敵而害怕。侮辱中國固然是錯誤，懼怕中國的覺醒更是愚蠢。

蒼海（副島種臣）先生曾說，內藏禍心莅他，皆爲敵國；若以善意對他，則皆爲盟國，洵屬至言。

正義戰爭

如果革命黨獲得勝利，俄國的國策可能變化。第二俄國的德國已經出現。德國在山東建立基礎並向四處伸出手的話，誰將負責其討伐？滿清政府之無能爲力，自不在話下。因此也就祗有依靠日本的正義感。正義正義又正義，戰爭戰爭又戰爭，國民都將爲正義和戰爭而犧牲。若是，勢將引起當局諸君最爲懼怕的內亂，或自亡而後已。

不必憂慮

萬勿譏笑中國人的自私。中國本身如果不能自立，以我國力何能支持其長久？要緊的是謀中國之自强，自强需要新學，但這不必化太多工夫。因爲中國人已經覺醒，且開始自求新學了，所以不必强其吸收新學。祗要鼓勵他們建設新中國就行。否，他們已經着手於建設的準備了，因此不必假吾人之手。

革命主義

學凡稍微注意中國問題的人，都知道現在的留學生中很多已經具有激烈的革命思想者。他們的兩大主張是建設共和政府和平均地權。誰敢說老帝國沒有偉人？他們不但要實行政治革命，而且要兼行社會革命。

燎原之火

他們的政府雖然是愚笨的政府，但他們的運動却是秘密而敏捷的。他們在東京竟聯絡了十八省的同志，並且各自分頭回到各省去活動。一傳十，十傳百，百傳千，幾以燎原之勢擴大其勢力。今日滿清政府之說什麽立憲政體的十年計劃，無非是欲藉此以躲開他們的銳鋒。

不願立憲

他們會以獲得立憲政體就滿足嗎？否。他們根本就不相信今日的政府。而就是相信，也不會以立憲政體爲滿足的。化裝成勞動者，把炸彈包起來帶到火車上，並用自己脚踩它以炸出洋五大臣的吳樾，就是疾視立憲政體，爲共和政體而犧牲的革命主義者。

嗚呼吳君

在以往，投擲過炸彈者並不算少。有的投了之後自殺者；有投擲於對方腳下而兩敗俱傷者。但用自己腳踩炸彈，以期殺死敵人的吳樾的行動，實在是壯烈無比。若以他做中國共和革命主義者的代表，我相信沒有人會反對。立雪翁（頭山滿）說，炸彈可踩這句話，將與行為在明日的中國流行，我贊成他這句話。

嗚呼陳君

陳天華是東京留學生的革命主義者。對於日本文部省令（以取締參加革命運動的學生為目的而制定的法令—譯者）的頒佈，他不勝憤慨，因此身携意見書，自殺於大森之大海。同志同學在神田青年會館舉行追悼會，與會者雲集，致無立錐之地。後來將其遺體送回湖南。四千學生迎之，以其為義人而欲葬之於靈山，但為官警所拒，因而發生衝突，據說學生獲得最後勝利。

嗚呼史君

史堅如，廣東人，相貌如玉，年十八就爲熱烈的革命主義者。爲了聯絡哥老會，他再度溯長江，爲訪問孫逸仙，曾來過日本。義軍起於惠州時，孤身飄然，携炸彈進省城，投擲於總督官邸，殺傷二十多人，但被捕上斷頭台與世永訣。

死而不死

嗚呼，他們之死並非徒死，今日革命主義者的勢力在中國大陸所以澎湃，就是他們的氣勢發展的結果。近日北京電報說，革命主義者的北京警察局長被捕。又說，在天津附近，四十七個革命黨嫌疑犯被逮。更說，端方在宴會席上被投炸彈，其眞僞雖尙不能斷定，但滿清政府之恐怖狼狽情形自可想見，由此更可窺悉革命勢力遍佈各地的事實。

已醒將起

中國既已覺醒，轉變之機會已經到了。革命黨屛息等着雲起之時，而滿清政府則擬以立憲政體來挽狂瀾於既倒。共和乎，立憲乎。我無暇論這些，現在我要指出的是，時勢迫頑固的滿清政府廢科擧，促使所謂新學的勃興，新學造成革命的機運，從而大有推翻滿清政府之概。嗚呼，留學於立憲之國，而習得自由平等博愛之大義的他們，不能不說脅貫。

寄語同胞

我要寄語我日本當局、政治家、教師、商人、房東、下女、扒手、小偷和妓女，你們旦夕欺侮、譏笑、詐取、剝削、誘惑的「清國奴」中國留學生將是新中國的建設者。他們今日含垢忍受着你們的侮辱，你們心中沒有一點慊焉之情嗎？侮辱他們，勢將受他們侮辱。互相侮辱必將以鬥爭終始。我盼望懼怕中國強大之人士，深思此點。

展望將來

中國與俄國是世界上現代文明落後的兩大國家，但俄國的物質文明遠勝於中國，因此其政府威力亦強盛，但時勢卻終於招徠革命。中國是所謂客人帝國，政府基礎不堅固，且革命動亂迫在眼前。俄國革命黨雖有各派，但皆贊同建設共和政府和平均地權，這與中國革命黨同其綱領。天如令這兩國革命成功，他們將成為主義上的兄弟國。由之主義的同盟或將取代利害的同盟。共和同盟乎，社會革命的同盟乎。世界或將因此百尺竿頭，進入人類同胞，四海一家之境。至此，所謂人種問題，帝國主義，或會成為歷史上的迷語，但這是我獨斷的豫言（譯註）。

譯註：此篇原文刊於一九〇六年九月五日「革命評論」。「革命評論」原以支援俄國和中國革命而創辦。這時許多人歡迎俄國革命，以爲它將解放人類。但日後俄國實行共產主義走上反自由、反人性亦即獨裁的道路。宮崎滔天在其著作中抨擊共產主義不遺餘力，因此，如果知道俄國會實行共產主義，我敢斷言宮崎滔天絕不會支持俄國革命。

（譯自「宮崎滔天全集」第四卷）

一九七七年十月卅一日　於東京

（原載一九七八年二月號「留日學誌」）

宮崎滔天書信

宮崎滔天

給宮崎槌子

一八九五年九月某日

十三(?)日來信剛才收到。首先爲大家平安而高興。貧窮，這是我的老病，不是一時所能醫得了的，我知道你們很辛苦，但祇有請你們再稍稍忍耐。生活於貧苦之中的辛苦不言可喻，但不得不將心愛的妻子還諸貧困之中到外邊去奔波的先生，其心情也不是好受的。

昨日，無聊之餘，看了「維新豪傑談」一書，讀至梅田源次郎的故事，引起我的同情，也令我安慰。當明治維新快要爆發的前後，梅田在東京私塾教經書以糊口，因他對學生非常嚴格，因此學生陸續退學，致使他的生活發生問題，於是遂不得不攜眷離開東京，「搬到離京都三條一里許比叡山麓的一乘寺村，在其附近無人住的觀音堂渡日子。觀音堂既沒有場場米，也沒有門窗，月亮的光線從破壁而入，漏雨，蟲聲哀哀，夜深之風如針，確非人所能住的地方，但梅田夫婦却有如身居金殿玉樓，毫無愁色」。

不特此，「梅田念念不忘報國而不得機會，因而在觀音堂大憂國事，不勝慷慨，時或仰天落淚，繼之以血，時或賦詩駡時，詠歌陳志，毫不關心生計，彼既無收入，饑寒遂日迫。至是，赤貧如洗，梅田夫婦已兩三天沒吃過飯了。某日黃昏，比叡山高嶺的太陽已沒，遠近的山峰開始模糊，回巢的羣鳥已看不大清楚，空中祇有軒端的夕煙時分，觀音堂內既無燈火，寂然似無人。瞬卽堂角有泣哭聲音，默然在觀音像下的先生問說發生什麼事，夫人上原氏無話以答，而說：冬日屋簷下的薪柴都用光，院子落葉也不見。頓時，每以窮通天，貧富乃命，不辭艱辛的梅田亦覺人世之悲哀，而徐露感慨，此時覺察令先生憂慮的夫人上原氏便接着說：雖然不能住的屋子我也住，完全爲了有我君。忍院子裡無落葉可撿的窮苦，與先生相依爲命，彼此安慰，白天終日撿木葉，終夜詠漏軒的月亮，如此毫無怨言，亦無愁色，在此空堂渡過三年的憂國歲月，確不愧爲儒家的女兒。」

在貧困之中，如果有幾分希望和信仰，則仍能安慰。貧困絕非我們的敵人。驕傲將令人趨於腐敗。祇要稍開其心，以思古人，或能强我心志。

日本維新當時的志士尚且如此。何況意圖世界維新，欲行天道於此邪惡世界的我？因此，我的妻子亦應堅其心從破窗縫窺光明。我們的朋友是窮人、乞丐。我的敵人是君王、貴族、地主和富翁。我們勢非與社會的最強者摶鬥不可。窮苦是我們不可避免的命運，我們應該認這個命。厭世入山，隨時可行。入山五十年，五十年，說長是長，說短也是短。總之，與邪惡摶鬥，如非戰勝邪惡，則殺身成仁，這樣便可心安理得。不與邪惡拼命入山，死去也不能心安。因此，請能多多奮勉、共勉。（以下略）

（沒有信封）

給宮崎槌子

一八九七年二月二日

我這裡事情進行得相當順利，幾天前，犬養毅會面告大隈重臣以我們的心情，大隈外相要我們等到國會閉會以後，這是前天犬養氏轉告我們的。我們並已拿到給大隈的介紹信，因此二、三天內自可見到大隈本人。惟我的新外掛禮服買了之後就拿到當舖去，在手邊的又舊又髒不能穿，不過這一、兩天之內可以設法解決。

我與平山周九月到達此地時，兩個人合起來祗有一角五分錢。但九月以後，已入金將近五百元。每月的住食費（包好的——譯者）雖然定爲九元，但這個月却化了八十多元，因爲客人太多，最多時一天竟有十五人。浪人的我，這個負擔當然過重，不過大家都處得很好。這樣過了兩個月，但無論如何還得過下去。有生以來初次經驗高等乞丐的生活，其味道是不好受的。

又，關於我將往何處去和錢的來源請守秘。

（封面：「熊本縣玉名郡荒尾邨磯山宮崎津知殿親展」，封底「內幸町一丁目翼家　宮崎寅藏」）

給宮崎槌子

一八九七年六月二十二日

我妻槌呀，此時此刻，我遙想我妻沉於憂患，焦思不能食，連天眞的震作（滔天次子——譯者）也要看妳的臉色，而不禁由病床要起來給妳寫信。

我妻，接受有刺的鞭子的考驗雖是勇者的義務，但鞭屍非仁者所能爲。我妻知道不知道，無論身體或靈魂，我已經是半死的屍體。

我信道，但尚未能與道成爲一體；我信理，但仍不能與理融合，因此處身每每缺勇、缺斷。可是，我對事實有一項寶貴的認識，什麼呢？同情，人情是也。我之所以頂天立地，不是理的制裁，而是情的引誘；不是對道的義務精神，而是對天下窮人的同情。

今日我所信爲道的，是一種假設而已，我不敢保證它是絕對不錯的。今日我所信爲理的，明日或不是理，這是人智之淺薄所使然。可是在今日，天下有幾億生活無着是千眞萬確的事實。而欲與其共興亡盛衰，跟天下的不義假平等博鬥的同情義俠，決不是虛僞，也不是錯誤，更不是義務，而是欲罷不能罷，公明正大，同天地神明不朽的至情。我不肖，是否能成此大事不得而知，但曾經幾度欲放棄而不能，唯爲了一片至情而已。

耶蘇因相信天下萬民依信仰自己爲神子可得救，並爲證明其爲神子而死於兇徒之手。我因相信衣食不足則學問不得隆盛，學問不隆盛則知識不會進步，知識不進步則不能達到眞理，不能達到眞理則不可能獲得眞正的安心、和平與文明，因而我堅信其根本的革命在於改變窮人的現狀。因爲堅信此理，所以對於窮人的同情更加迫切。

我的心情如此，主張亦復如此，故何能坐視？因此我唯有站起來，既站起來便不得不跑，這是人生的命運。宗教學術之理，可以德導，可以文教，不必求其果於現實，但事實的解釋，不能以此爲滿足，亟需大機的趨勢和人物的手腕（本領）。如失大機人傑不立，便不能見其果於現實。如不見其果於現實，則不能期其成於百世之後。清國之民，慕唐虞之治久矣。而均田井田制之不行，乃是不得時勢與人物的結果。日本國民之中，稱讚天智天皇之德者不少。而今日日本國民生活之日差，其理由亦在此。我不敢說我是有本領的人傑，但時勢之所趨顯示現在正是有爲的大機。目前各國增兵經武，國庫虛空，無辜之民不堪其負擔，於是社會問題、經濟問題的議論彌滿世界。但依我的見解，二十世紀的問題將爲以下兩個方向：世界將爲狂慕國（原文——譯者）所支配，或者成爲社會主義的世界。換句話說，這要看東洋問題的結局，或者是否在此問題獲得解決之前經濟崩潰，社會黨獲得勝利。而所謂東洋問題的結局，其關鍵在於清國的興亡，這是不待煩言的。

基於上述的理由，我們希望以清國爲根據地，同時解決東洋問題、世界問題和社會問題。唯有這樣做，纔能維護人權，救濟天下的窮人。今日的大勢，不許我們祇實現我們理想的一部份。而就是能實現其一部份，世界的潮流還是不許它存在下去。（關於這一點，我與民藏兄同其主義而異其方法，故改日再詳論之）

不幸的是，我懂得人情，瞭解時勢，生逢此時，不自量力地欲肩負起轉乾旋坤的大業。可是，普通平凡之士，是不能瞭解我們的意見的。而如我妻所知，這是爲什麽我將其深藏心底，祗與亡兄彌藏慘澹經營的主要原因。嗚呼，十年苦心究竟做了什麽呢？祗是置我兄於不可言狀的逆境，從而使其與世長辭而已。對時勢，對蒼生，對我兄，我不得不哭泣。我妻。

去年，我離開家到東京後，馬上展亡兄的墓，在那裡我憶既往思將來，彷徨不能去，屢屢訴心情以求兄意，但叫他不會應，問他不會答，因此回公寓後呻吟再三。於是我遂改變以往的方法，出於入俗歸正，擧虛取實的道路。這是由於知道以一己之力不能完成大業的緣故。此時，我已向俗人做全面的投降。道理、主義、信仰、規矩、準繩，一切的一切，我都遵從他們。剩下的只是欲奠定有益於一片世界蒼生一碗飯，一滴水之基礎的信念。爾來我出入於權門，締交政治家，信口雌黄地云云政論，東方問題，努力於迎他的意，不敢損他們之意。不特此，連我妻以及小輩都努力於迎合其意，不敢不順其意。嗚呼，我變成藝妓，受了大俗人的洗禮。眼看我出入於權貴者，以爲我心根已爛；見我着綢衣說我已俗化；知我流連花柳界而罵墮落。這些話對我都不意味着什麼，因爲我已經是大俗的受洗者，是賣節賣色的藝妓和妓女。嗚呼，我此次之清國行，就是這樣實現的。

但是，我妻，請聽罷，怕世上的罪惡，見天神的光明，呼號耶蘇的救助，一度受基督教的洗禮，但不能滿足它，進而追求更高遠深大的眞理的我，竟受大俗之洗禮，意味着什麼？就是對於天皇，都不低頭的我，今日竟向俗人低頭，這是爲了什麼？感泣於基督以虛僞的豫言者而被磔殺的心情和處境的我妻，請問妳有沒有體貼妳丈夫受大俗洗禮當時的心情，而一哭的同情？現在，我已經完全不是我了。所以也不必有我妻的同情。可是在離開東京回鄉之際，我的最大快樂是在向我妻說明我苦心的實況，以得一片之同情，以稍自慰。嗚呼，悲哉。現在與我預期者相反，嗚呼，與我預期者相反。怎麼不寂寞孤單？

我妻呀，我並不求妳的同情，祇稍作事體的斟酌以自慰，請勿攻擊病中的人。

敢而乞辱，敢而乞辱。

六月二十二日夜

寅藏

我妻津知子殿

寫得很草，請原諒。

（封面：「熊本縣玉名郡荒尾村　宮崎津知子殿　親展」

封底：「於福岡病院　宮崎寅藏拜」）

給何樹齡（草稿）

一八九八年?月?日

何樹齡先生大人足下。晨者辱賜書。當速奉答。而因循不果。幸勿爲罪。拜別以來。僅閱數月。此間事局之變。實使人驚嘆。大清瓜分之形勢已露。而亞洲之危機甚迫。嗚呼。青天迅雷。人多掩耳。暗夜光明。夫誰認之。轉禍成福。唯有此一機。亞洲之華盛頓。今隱何處。

先生曾諭弟曰。舉宇內爲一大學堂。是人世之目的也。弟實服其見識。而私喜暗合弟四海一家人類同胞之持論。嗚呼。豈是非人世之大道宇內之眞理乎。誰能得拒之。反之有難。〔唯〕達此目的之道如何而已。夫舟子舉帆出灣。必非無目的之地。風便氣朗者則可也。惟時有大風。有怒濤。有深霧。有暗□(可能是礁——譯者)。故使舟子歌航路難。夫唯有此難關。故舟子之任。重且大也矣。現今之也。人文漸開。個個之間。有道義(原字爲儀——譯者)。有法律。保護人之利權政權之道具矣。獨悲國家與國家之間。有道而不通。有法而不行。强者〔則〕合弱。大者〔則〕呑小。

〔白晝爲盜。屠人而不怪。嗚呼。是豈可曰人類世界之情態哉。人或將言是世界統一之象也。弟以爲不然。壓(原字爲厭——譯者)弱者而强者獨擅權。豈可言眞之統一哉。人人保全其權利持自由而結合宇內之人類。始可言眞之統一也。〕(以下缺)

(註)此書信草稿有兩種。故互爲印證。有〔 〕記號者就是。

(譯註)此信係原文。

給孫逸仙(草稿)

一八九八年?月?日

逸仙先生大人閣下。弟昨到此地。今日面渡（渡邊元）君。出示貴簡。談話數時。渡邊君諒先生之情甚明。贊先生之志甚功（切？）。惟悲渡君之事屬始創。而資斧不足。誠述心中苦。而歎自（以下缺）。

（註）與給何樹齡信一樣，也是草稿斷片。

（譯註）以上亦係原文。

給宗方小太郎、中西正樹

一八九九年九月三十一日

謹啓　康有爲於前天晚上到達此地，目前藏身英國警察局。他切盼亡命日本，因而今日命其徒弟透過此地領事（上野季三郎）請其將電報和書信轉交外務大臣大隈（重信）和駐華公使矢野（文雄）。弟爲其介紹，今日上野領事已代康將康意電告大隈外務大臣和矢野公使（康有爲說，這不是他的意思，而是出自光緒帝的密詔）。電報內容爲，「上廢國危，求貴國救助」，「康盼亡命日本，是否同意？」另外，康有一電報給徐勤說：「我希望赴日」，「請先面會大隈求其保護，並告此乃康之意志」，惟此電報無法用密碼，而且又不喜歡請上野領事代發，因此上野領事擬請兩位根據此信，轉達徐勤以此意，所以收到此信後，請即時往訪橫濱大同學校徐勤。此事需急，徐勤等亦請接來東京。

目前，康有爲受警察局嚴格保護，很難會面。昨日我曾透過日本領事求見康有爲，惟局長不在而未能實現，前述之事，係今日上午康有爲請其高足王鏡如、何樹齡來所囑者。

想奉告的事情很多，惟平常懶慣的我現在又特別忙，所以祇報告要緊的事。又，這些事，請勿見報。

九月三十一日　　香港　宮崎弟

宗方仁兄
中西仁兄

（譯註）日期寫成九月三十一日，顯然是筆誤。

（沒有信封）

給犬養毅、平岡浩太郎　　一八九八年十月一日

急啓　康有爲受英艦保護於前天晚間安抵此地，目前寄寓警察局。康有爲與光緒帝之依

靠日本的心甚切。昨日康要其門徒求見日本領事並與弟商量，弟隨即往訪領事，惟警察局長不在，看守人沒許與康會面。

今日，康的高足何樹齡、王鏡如與康會面，爾後趕來示我以康給矢野（文雄）公使的信和給大隈（重信）大臣的電文。剛才與其同道往訪領事，請領事轉交信電，故該電文今天或明天會到達外務省。據說，電文內容非康個人意思，而是康受光緒帝之密詔而撰。事關重大。文中康表示甚願赴日。其大意爲：上廢國危，奉電詔求貴國救助，請保護康等等。電文、書信皆由康親撰並轉交領事。不日即可送達。敬請與大隈伯爵妥爲商量。

很顯然地，康想借日英的力量再度擁立天子。這是中華最愚笨之策，更由此而將開外國干涉之端，惟此時此地自非議論其是非之時，務請幫忙設法使其能到日本，並予以充分的保護。

自此事變以來，弟與康的門徒、朋友來往，因而引起王質甫的嫉妒，不過這是不成問題的。

恰好，吳大五郎氏要回國，特托他報告如上。不宣不宣。

十月一日

宮崎寅藏

犬養先生
平岡先生　玉坐下

火急草草失敬

追啓　康如果決定赴日，弟可能同道，否則托人陪同。

給平岡浩太郎、犬養毅

一八九八年十月七日

謹啓　康有為奉密詔求日本國之救助的電報，前幾天已請領事轉達大隈伯爵和矢野公使，惟此間衹接到矢野說以電報不得詳細，希以書面告知的簡短回電，因此康有為似很失望，因而又透過弟說希望再求見領事，弟告領事以此意，領事似因不明本國政府意向而猶豫不決兩三天，康疑日本之眞意，其高足遂來轉達康不得不先行到英國，弟不以為然，便再去說服領事說，康如果眞正決定赴英，日本更應該努力於使康不對日本失望，結果今日領事遂往探康有為。

領事以領事館的書記生（翻譯）可能洩露機密，要弟同往筆談，弟因自上個月以來稍稍吐血，身體極衰弱，不堪長時間做複雜的談話，因此請與弟一起從事運動的宇佐（穩來彥）

（照片裡有他）同行代勞。其談話的要點爲，英國今日對康有爲好，是另有企圖的，決非出自英國的俠心；與中國終世同其利害，共興亡盛衰的祇有日本；康雖有密詔，但這密詔唯有到達日本後始能公開；無論從感情上或國家的關係上來講，康都希望到日本。與此同時，康談到他如果到日本，英國將做何種想法說，祇要向英國政廳說，他到日本後將經由美國到英國，他們不會不愉快，而就是不愉快，他仍然要到日本去。由此可知，其高足暗示我說康決定到英國，我想可能是要我們來說服領事的一種口實而已。要之，康有爲能說善辯，今日，領事給他說得心中悅服，因此馬上給外務省打了電報。

如果光緒帝尚在人間，因爲過去的關係，康有爲必將爲其復位而努力；如果光緒已不在人間，康有爲恐怕祇有參加革命黨的一條路。康門那些毫無作爲的書生，至今仍然相信，非見血不能恢復中國。爲了繼續保持這些關係，弟天天用筆墨和紙張跟逃到此地的康門三十幾個書生接觸。目前，甚至於有三個人住弟處。這些書生大多希望到日本，但都沒有錢。其中五個人，預定近日中動身。其他的，弟也很想爲他們設法。

孫（中山）一派的運動，此地由王（質甫），廣東則由黃、鄧兩人負責。他們有時候雖然也和强盜賭徒來往，但這在中國仍不失爲一種有效的革命手段。當然，革命黨中也有富商和讀書人，富商肯出錢，讀書人好出主意，但眞正不怕死，敢犧牲的還是江湖的人。在這種意義上，孫中山確是不可多得的大將。

最近，惠州、九龍一帶，人心激盪。俟康事告一段落，弟將親自或派人往探。

七日夜十二時二十分

宮崎寅藏拜

平岡先生

犬養先生

做領事者必須有靈活的腦筋，尤其是此地的領事。實在可惜。他說，祇要外務省有指示，他將同意弟使用密碼電報。此事如能辦通，則非常有濟於事。

三百元，謝謝，請能再賜滙。

八日上午九時追記。

給宮崎美以

一九〇八年七月二十二日

肅啓者　久未通訊，諒母親、各位都很好。此地哥哥〔民藏〕和大家皆如常。因哥哥日以繼夜的奔走，一切準備，即將就緒。中國方面的事，機運日漸成熟，前此報紙所報導雲南革命軍已引起世人的注目，而令人相信革命的成功已在眼前。此役，革命軍祇有三百人，其餘者都是清軍投降而來的，因此不到一星期革命軍竟達六千人，惟因彈藥不足，活動不自由，遂駐軍一地，加以軍糧短缺，不得已，便遁入內地山寨，以待時機，現在捲土重來之計大致已定，所以東山再起之機自不會太遠。任這方面革命軍都督的黃興，十日前來東京，跟小弟天天有來往（其長子〔黃一歐〕自去年就住我家上學）。要之，哥哥和小弟所做的事，都不是空洞的理想，而是可以成爲事實的，請轉告母親和各位，請稍稍忍耐零用錢之不够，並拭目以待我弟兄的奮鬥；唱唱浪花節，揮揮家傳的寶刀（原文爲「二刀流」——譯者）也是一種人世之一興。（以後略）

（封面：「熊本縣玉名郡荒尾邨　宮崎美以子樣侍史」，封底：「東京市小石川區第六天町四十五　宮崎寅藏」）

給宮崎龍介

一九〇九年九月二十八日

龍，龍，你畢業在即，但却不能交學費，沒飯吃，一定很痛苦。你父親很清楚你的苦境。但現在你父親也祇穿浴衣在北國挨凍。你母親如果看到你父親這個樣子或許會安心，但不相信你父筆桿的你母親實在是個不幸的人。什麼在作她的祟？
龍，權利是可以主張到底的。但「養老之瀧」（譯註）的故事，亦應該以天下的美談傳至萬世。敢奪父碗以用飯的人，將控告其父親。父子相控告，兄弟爭財產，這是前田家（滔天夫人的娘家——譯者）的特色，但宮崎家不應當有。

人要有骨氣。但不能存心不良。嫉妒、猜疑、怨恨是人的惡德。心中之賊。除非去掉這些惡德，征服這個賊，人難於立世。惟有去掉這些惡德，征服此賊，爾後人纔能處於窮況而平靜。學問的本質在此，修養的本質也在此。除此而外沒有學問，沒有修養。書本上的研究不過是爲了養知擴識，可以說是一種藝。它與研究浪花節沒有什麼兩樣。切望你不要顚倒本末。

希望你相信：你父親絕非陷你們於窮境而自樂的人。你如果不相信這句話，你我父子之緣就到此爲止。你父爲了突破他的窮境和開拓一家的命運，正在做最後的掙扎。世事雖多蹉跎，但相信二、三日內會有好消息可望你咬緊牙根靜等着。

匆匆不一

九月二十八日

寅藏

龍我兒

（封面：「東京市小石川區原町三十一　宮崎龍介殿」，封底：「福井縣武生町武生座滔天」）

給末永節

一九一一年五月十六日

謹啓者，令尊（末永茂世）以下，安泰爲頌。

或已由新聞報導得知，廣州起義，又歸失敗，加以自上月二十七日（亦即起義之日）以來，毫無音訊，包括克強，到底誰生誰死，一無所知，眞是憂悶。失敗原因似爲：起初欲殺總督（張鳴岐——編者），結果殺了副都督，由之清兵戒嚴日密，迨至舉兵之日一領袖（可能是胡漢民）被捕，因此平常通聲息的新軍遂被解除武裝，突擊、燒攻總督官舍時祇有傍觀所致。眞是可惜。現在，我最想知道的就是同志們的生死，因不宜拖延過久，故特爲奉告。

孫先生現在似乎還在溫哥華。四月一日的來信說，他到處受到華僑熱烈的歡迎，不日即可達到大目的。這個所謂大目的，究竟是廣州事件，還是籌款問題，我不清楚。對於廣州事件，孫先生本來不知道，計劃成熟，接到通知後，他纔滙款回來。去年，孫黃見面時，他們曾經約定絕對不來小擾亂。

（封面：「福岡市住吉村末永節老兄親披」，封底：「長崎縣西彼杵郡大村寄席　桃中軒牛右衛門拜」）

給宮崎槌子、長江清介

一九一一年十二月十二日

十二月二日來信收悉。長江先生已回京，庫頁島與東京地理不同，所以他可能會覺得種種不便。

我到達上海後，比在東京時更忙。我（與何〔天炯〕）在鎮江等黃（興）先生，然後一起回上海。爾後托病盡量避免會客，但一船又一船地從日本不請自來的「仁兄」，毫不客氣地前來，因此前天終於逃住醫院，目前與黃少爺〔黃一歐〕同住於篠崎〔都香佐〕醫院。在這裡，祇與親友見面，因此非常輕鬆。尤其是龜井〔祥晃〕住在附近，萬事方便，今日他請我倆吃甲魚，我倆喝了甲魚的生血，所以精力充沛。

兩三天前，黃興以「革命的前輩有孫逸仙，武人的前輩有黎元洪，因而再三辭退大元帥，但目下時局，遲一日，將誤天下事一日，何況孫先生尚在旅行中，黎元洪非守武昌不可，現在除他無人，推辭是推責任，他聽我這樣說才答應暫時擔任。三、四日後，在南京，當有新政府的發表。

來信所說孫先生電報已悉。遂與黃先生商量，他說：「孫先生馬上會來，不必去香港，請在這裡等」。但既然有電報來，我想再跟他商量並去。船將於十五日開。

目前，在河南（袁世凱的地盤）決戰中，革命軍佔優勢。根據某方面的情報，北京早已成爲黑暗的世界。爲了迎合革命黨之意，據說袁世凱不辭○○（原文——譯者）幼帝。但革命黨是不會相信袁世凱的。不管袁怎樣籠絡革命黨，不要說黃先生，其主要人物都不可能與其兩立。這是値得告慰的。惟爲了維持武昌的現狀，黎元洪以媾和爲藉口停戰中。當然這是跟黃先生商量後才這樣做的。

無論在上海、鎮江或武昌，擔任書記、參謀乃至於外交工作的人員都是留日的學生，因此到處講話不必翻譯，實在太方便了。尤其使我高興的事，其中很多都是經常出入於我家門者。在武昌，胡瑛（前幾年曾在漢口以長髮胡被捕入獄）現任參謀兼外交；在長沙，譚〔延闓〕先生（譚叔叔）任軍司令；被以爲不可靠的安徽，前幾年帶太太小孩來日本，爾後與劉先生到南京竟被捕的孫〔毓筠〕先生被舉爲都督後統一了。誰說孫、黃這次沒有參加革命？其主要人物可以說都是他倆培養出來的革命的健兒。誰說非岑春煊出面不能爲重？據說，岑剃光頭髮逃到上海，躲起來不跟任何人見面。今日中國，是青年的天下，孫、黃的天下。多用舊官員，是多禍之源。

前幾天，黃樹中（即復生，北京炸彈事件時與汪〔兆銘〕入獄者）與上海都督陳〔其美〕突然來看我。喜出望外。陳都督要我跟他一起照像。像片洗好後，當即奉寄。宋教仁非常努力。

漢陽之淪陷，乃由於武器的優劣所致。具體地說，官軍之源向德國輸入精良的武器，纔是漢陽淪陷的眞因。何〔天烱〕兄或許已經告訴過，幫忙德國人的中國買辦，跟我們同船由漢口到達上海時在碼頭白天就被暗殺。（關於它的詳情，請參看拙譯著「宮崎滔天論孫中山與黃興」一書裡頭的「黃興將軍與刺客高君」一文——譯者）。從此以後，所有的買辦包括與德國人有關係的，都不敢活動。

在目前，革命軍所最需要的是機關砲、步槍（俄式）和軍服（珈琪色的）。如能請日本有志的士紳富豪聯合捐獻最好（或先給些訂金然後附款亦可）。倉〔倉地鈴吉〕氏的機關砲，買下來當時，根據定平〔吾一〕氏的鑑定，祇有十幾支能用。這十幾支，如果不好好保養，則很可能變成廢槍。因此如果要買回的話，應該考慮這一點，否則將得不償失。

來信說「如得一、二位名士保證，可融款子」。我不知道所指是我的經費還是購買槍械的經費，如果是槍械的經費，請與何天烱兄商量，如果是我的經費，借沒關係。

所詢問有關萱〔萱野長知〕和末〔末永節〕的衝突，完全沒這回事。末永嘴吧壞，大家都知道，而萱天天在打仗，那裡有時間爭吵？不過清藤〔幸七郎〕透過萱欲跟黃興見面，黃興以陣中不便與閒人見面而拒絕是事實。

革命黨與軍人的衝突可以說沒有。而就是多少有，以後不會有了。我們提倡大開門戶，歡迎軍人。惟軍人之間，因系統的不同而有些暗鬥（競相接近於革命）。昨日，宗方小太郎就因爲躭憂此事而曾訪問我於醫院，並對我申述各種意見，因而我托他從中調解。所以相信不日即可統一。要之，他們都以至誠相見，實在難得。迄至今日，對於中國革命黨已經盡了些心力的我們浪人，不該多嘴，最好能替他們多介紹新的志士和軍人，令這些人對中國革命多所貢獻。我們應該這樣結合志士、軍人和革命黨纔是。

其次是商人和革命黨的結合。商人應以物質來表示他們對中國革命的同情，一如德國之於清軍。據說，德國以爲日本會援助清軍，因怕慢日本一步，遂先發制人，而成爲亡國的朋友和與國的敵人。因此，德國與中國的貿易，將與清廷的滅亡而亡。這是日本商人可乘的良機。

與黃興初見於船中時，他便問定平來不來。定平的近況如何？請問他有沒有意思來？使我最感困擾的是，一船又一船地由日本洶湧而來的不三不四的人羣。對這批「仁兄」，有心人都束手無策，非常痛心。

寄來的羊羹，我請井戶川〔辰三〕中校轉寄給當時在鎮江的黃一歐。其間，黃一歐到上海，二宿後囘鎮江，吃羊羹後第二天則出征南京。一歐參加先鋒隊攻克天保山，但他却歸功於他人，在這一點，一歐跟他父親相似，値得欽佩。一歐說，攻南京時，他以伊東知也給他的寶刀殺了三十六個人，並擄獲敵將的名馬，他談這些事談了一整夜。過兩天亦大前天（此信前一半是昨天晚上寫的，後一半今天早晨才繼續再寫）我要住院時，他說要跟我一起住院，昨日他發燒到三十八度半，而變成眞正的病人。醫生說，是疲勞過度，所以請放心。

黃先生忙到極點。晚上三點（即第二天凌晨三點——譯者）睡，早上六點起床，但毫不疲倦，眞是精力絕倫。

到達此地後格外繁忙致使未能寫信，實在對大家不起。夜半人散後已經精疲力盡，什麼都不想做，而就是有一、二小時的時間，滿腦子都是事，無法執筆，住院後好多了。一、二天之內，當給犬養〔毅〕、井上諸前輩寫信，請代問候。亦請向島田〔經一〕、岩下、平山、津田、大崎〔正吉〕、田尻〔一喜〕諸兄致意。

禮品已轉交大元帥，他很高興和感謝。昨夜作夢夢到與郡司〔成忠〕見面。

請轉告島田兄，請他卽時打電報告訴中野德翁〔德次郎〕孫先生抵達香港的日期。其次，請不要隨便介紹人到有隣會。第一，沒地方用。第二，那裡已經住滿了人。第三，由之將引起人的不滿。有錢我想租房子。有隣會，出入者太複雜，因此我想個人租房子。所以請設法籌款。達到的五個工人，一兩天之內，將派他們到南京、漢口視察。機器局，不日將行大改革。然後再進去。這是黃興的想法。

事情太多，不知道應該從那裡寫起。詳細下次再談。

祝全家平安。行國二弟〔前田行藏、九二四郎〕都好嗎？美以想必比以前伶俐吧。

頓首

十二月十二日

寅藏

長江兄

津知殿

（譯註）文中稱黃興、黃先生，是譯者的隨意選擇，原文皆為黃氏。

（沒有信封）

給宮崎槌子

一九一二年一月十日

托松本〔藏次〕帶來的信收到了。元旦那一天上午十時，我（跟末永〔節〕、山田純三郎、尾崎〔行昌〕、柴田〔麟次郎〕）陪新總統進城南京，四號回到上海。與松本碰面於南京。過這樣愉快的元旦，有生以來還是第一次。

一、所提議要我單獨居住一事，雖屬不錯，但在各種浪人舊同志天天要見面的今日，拒絕與他人同居，就我的個性來說實在做不到，所以請能諒解。正如何〔天炯〕兄所說，跟傍人一起住是喜歡這個不喜歡那個這種不便，但在重要關頭時，是不許有這種感情的。惟與池〔亨吉〕、北〔輝次郎〕、清藤〔幸七郎〕同居當然又是一個問題。

一、但住旅館又覺得太複雜。因此，聽從舊同志山田良政君的胞弟純三郎的勸告，與尾崎、柴田二君搬到純三郎宅住。這比旅館安靜，有家庭的溫暖而且經濟。但松本、長江〔清介〕來同住後又覺得太麻煩主人了。我既無力令他們住旅館，因而請丹野另外住。

一、以後無論是誰，甚至於親戚，再有用的人士，都請不要介紹到這裡來。

一、我最近特別迴避武器和商人的介紹。但前幾天的藥是黃少爺〔黃一歐〕生病，黃興托買的。藥錢近日中寄來。

一、以後，武器及其他軍需用品，將與三井、太倉、高田的上海支店直接交涉，前幾天曾將三井支店長〔藤瀨政次郎〕介紹給孫先生。因此，任何大問題應可獲得解決。

一、池氏組織一隊來此，據說因沒錢，曾向某商人告貸，但被拒絕，殊值同情，不過這也是無可奈何的事。

一、萱野〔長知〕在南京的黃興先生處很努力工作。黃先生抱怨說「三上〔豐夷〕先生寄來的東西太少」，我以這是不得已來安慰他，爾後三上先生有辛廸加的來電，因而黃先生心情好一點。前天三上先生抵達上海，遂派人來看我，因此我忍耐牙痛往訪他，並跟他乘馬車訪問犬養〔毅〕先生（他感冒，但不要緊），三上先生就辛廸加問題向犬養先生有所報告。第二天亦卽昨天早上，他到南京去了。他要我陪他去，但我因牙齒痛而沒去。對於辛廸加問題，犬養先生似不大感興趣。

一、三、四天之內，孫先生和黃先生將派人去接頭〔頭山滿〕、犬兩位先生，那時我如不到南京去住幾天，便可能去參觀北伐。

一、孫先生似乎準備親自督軍攻陷北京，立政治大綱後讓位給黃先生，他自己想從容不迫地到日本去籌劃第二大策。當然這要看日本的意向，截止目前，日本大概沒有問題，不過萬一日本誤而反對，就是以中國的命運來打賭，他可能也要嘗試。此事請不要說出去。惟今日之事，日本的……。
自昨天開始寫，還沒寫完，下次再說。
請代問候島田〔經一〕、田尻〔一喜〕、岩下諸兄。
聽說何兄已經同來上海。廣州黎先生下班船到東京。請接待。

再拜

十日

槌子殿
（封面：「東京宮崎槌子殿　拜托銀月兄」，封底「上海　寅藏」）

給末永茂世

一九一二年三月四日

謹啓者，時下合家平安，為頌。小輩於去年十一月間來到此地，並與〔末永〕節君見面，以為十幾年來的宿願稍見實現，而大事暢談。爾後，從前的同志，陸續而來，頭山、犬養兩位先生亦臨駕，並在各地活動。上個月，因老同志胡瑛出任山東都督，所以節君便以其顧問身份同往山東，他與小輩時常通信，情況很好，故請放心。目前，頭山、犬養兩位先生，由浦上〔正孝〕、美和〔作次郎〕、阿部諸君陪同，從漢口到武昌，二、三日內將回上海。佐賀〔經吉〕氏在看家，可能很寂寞。島田經一氏、柴田麟次郎、尾崎行昌兩君與小輩同住，大家都很好，請安心。我方與北方的袁世凱妥協（因爲不得已），革命的序幕告了一個段落，惟這幾天，北京發生大紛亂，風雲在變，因此對於革命的前途，或有幫助。請拭目以待。久未奉聞，請多原諒，並請代向各位致意。

匆匆頓首

三月四日

宮崎寅藏

末永大人

（封面「日本國　福岡市外住吉村　末永茂世様」，封底「中華民國上海海能路第二號山田氏方　宮崎寅藏」）

給小川平吉

一九一二年四月十五日

謹啓者，由議會而賞花，從賞花而大選，您夠忙的了。小輩本擬於櫻花時節回國，但未能如願以償，而尚在此地悠閒自得。

唐〔紹儀〕南下，與組織新內閣的同時，孫黃將決心辭職，他倆且連家具都搬到上海來了。因爲不得已的事，掌握兩江之兵權的黃，將留任南方鎮守使南京留主。所謂不得已的事，就是如果黃離去，南京之兵頓時有變成暴徒的可能。由之，唐請黃留任新內閣的陸軍總長，但黃沒答應，又請他出任參謀總長，也沒答應，而終於留任南方鎮守使南京留主。這主要的是由於其部下對黃如此要求所致，而新內閣的名單遲遲未能發表，完全是因爲黃興的出處未定所使然。如所周知，唐原來是百分之百的袁〔世凱〕派，前幾個月以媾和專使來此地時，汪精衛高興地說：「唐先生眞心變爲國民黨了」，而由他這次組織新內閣的同時參加中國同盟看來，他對南方似確有誠意。孫於三號離開南京，六號晚上出席小輩等主辦的慰勞會〔六三亭〕，乘該夜十一點開的專車到下關，從下關搭軍艦往武昌，明天可能抵達此間，然後準備回廣東。以後的情況，大約如上。

匆匆不一

四月十五日（原文——譯者）

滔天

小川先生

（封面「日本國東京市麴町區內幸町小川平吉樣侍史」，封底「上海海能路第二號山田氏方　宮崎寅藏」）

受信者不明

一九一二年十一月?日

已得元老大臣同意見面，政治家、實業家、新聞記者等已經着手籌備歡迎會。現在如果中止，不但孫（中山）先生的信用，連鼓吹歡迎的犬養（毅）、頭山（滿）、杉田（定一）、根津（一）、小川（平吉）、吉島（一雄）等對國民的信譽將爲掃地，明春來也沒有用，此機一失，將不能再得。爲中日之合作與亞洲之復興，請轉告孫先生排除俗論猛進。請即回信。

宮崎泣血頓首九拜

給宮崎槌子

一九一三年三月十五日

拜啓　一路上受到大歡迎，孫公以下大家都非常滿足。我和何（天烱）先生與一行於今日上午在廣島告別，先抵此地。俟一行於下午五點半到達之後，晚上十一時將往馬關出發。

山田夫現住芝公園六號菊池〔良一〕家。妳、我、小孩都曾經在她家住過。請妳去謝她，請請她。

據說，胡瑛近日將回國，在其回國之前，請去看看他的夫人，請請她們。龍介的捐款太麻煩了。如果是五十元左右，令龍介延期到荒尾，將其旅費捐了怎麼樣？

寅藏

三月十五日

津知殿

（封面「東京市小石川區白山前町一　宮崎土殿」，封底「安藝宮嶋飯店　宮崎滔天」）

給宮崎槌子

一九一三年七月十九日

啓者　妳們現在窮苦，沒錢用我知道，但錢的事非常難開口，尤其在孫、黃先生都在鬧窮的今日，更不便提出錢的問題來，好在大倉支店河野〔久太郎〕回來，因勝木的幫忙，昨日纔得爲妳們寄去二百五十元。請寫信謝上海豐陽館的勝木恆喜先生。此事請不可說出去。

昨天晚上佔領了機器局支局，今日黃昏或能佔領本局，上海亦已於昨日宣佈獨立。此地的討袁軍司令是陳其美君。

目下宣佈獨立，或這一兩天內將宣佈獨立的省分有：江西省、湖南省、廣東省、廣西省、福建省、雲南省，繼而在四川省、湖北省的武昌和漢口，將勃發報復的戰爭。熊樾君並沒有死。看樣子大概不會死。在袁〔世凱〕的故鄉河南仍在打仗，南軍佔優勢，袁的脚下山東省將發生動亂。一部份日本人把孫、黃當做書生出身的論者，但這是極大的錯誤，他們的勢力不但南部，就是北部都足以控制。可惜的是，日本沒有一個能夠幫助這個勢力，一舉打定亞細亞主義的基礎。眞是痛心！

龍介的病有沒有好些？請多保養。

匆匆不一

七月十九日

寅藏

土子殿

（封面「東京小石川區白山前町一　宮崎土殿」，封底「上海海能路第二　號宮崎寅藏」）

給宮崎槌子

一九一三年八月三十一日

我預定廿五日出院的，慢一天於廿六日出了院。山田〔純三郎〕邸太吵雜，所以我搬到勝田館，但民藏哥哥却在山田邸幫忙各種事務和接待客人，過着繁忙的日子。

我爾後的經過非常良好。這次早治，因此比去年恢復得快。故請放心。要回去，輪船、火車我都可以坐，惟南京少壯輩在那裡奮鬥，黃復生、吳永珊等在四川拚命，東北方面也有人從事運動，總之，頭子雖然亡命了，但少壯輩仍然很賣力。不管將來結果如何，我要看其究竟，然後纔回去。

如果沒生病，接到孫先生由台灣來的電報，我當頭一個趕去，不過時至今日，該做的我想都做了，所以不必急。我倒認爲，多爲少壯輩盡點力，以看其結局纔是我的責任。

至於南京的命運，因武漢至今未獨立，東北也沒動靜，因此可能不會太久。大概十天之內，會見分曉。屆時，我將回去與龍介好好靜養一番。

因聽說黃興想到美國，我遂打電報請他不要去（由醫院打的），不知道結果怎麼樣？我想他會改變主意的。此時此刻黃興擬携眷到美國去實在不適宜，他應該留在日本與孫先生共同遊說於日本朝野之間，以建立眞正的中日同（聯）盟纔對。這時日本如不能覺醒，亞洲之事將不可爲。想到此地，我眞想即刻回去。但以現今的身體（健康），仍不能從事此類活動。九月中旬左右，幫忙失敗者亡命，也許是我唯一能做的事。

最近病慣了，所以心情的轉變比較自如，也有點不抗病的修養了。酒煙完全改掉，而專心於保養，故請放心。

匆匆

八月卅一日

寅藏

土子殿

龍介殿

節子殿

（沒有信封）

給宮崎民藏

一九一三年十月十七日

日本方面的事暫且不談，亡命的領導者孫〔中山〕、黃〔興〕兩位先生的意見、感情不融洽是一大憾事。孫先生採急進說，黃先生取隱認論。而且在感情上似有不容易和洽的衝突。孫先生的態度有這種味道：「其他的中國人都不行，祇有我一個人行，我是中國的救星，服從我者請來」。連對於始終奮鬥到底，最後亡命的李烈鈞，他也是如此，所以引起李的反感。爾後經人力諫，纔由神降爲人，但仍時有「脫軌」現象。黃興批評他說：「孫先生是瘋子」。我說他已由神界降到人界，由之黃興便高興地說：「那太好了」。

當然，孫、黃之間，並沒有敵意。但由上海新來的急進家降到人界之後，時或又想登至九天之上。其心情之高潔，抱負之遠大，殊值感佩，但却離世態、人情過遠，而令人懷疑是否能實現。張繼嘆息說：「孫先生的人格理想我很敬佩，但我想不能實行。老實說我沒有盲從他的勇氣。」他又說：「黃先生重實踐。說幹就幹。不過我不知道他是不是想幹」。孫先生一見人，便以火般的熱情來宣傳革命；黃先生默默不多言。他倆的交情至今未能復舊，實在太可惜。

孫先生的想法既如上述，而日本方面，無論當局或民間的同情者，都認爲即時要從事第三革命是胡來，因而想爲此來籌款，我敢說不可能。他們的看法是：「有反對者，袁〔世凱〕派終總會採取一致行動；稍稍沉默，必起內訌，所以應該等這個時機的到來」。因此，孫寺內〔正毅〕內閣的出現是意外中的意外，此地中國人對它亦具有疑懼之心，弟對他們說「內政姑暫不談，外交特別是對中國的外交，它似將徹底地幹」，並以財部〔熊次郎〕的信爲證據，因此他們比較安心，但究竟如何，弟實在有些躭心。弟與宮地貫道君、大谷光瑞師會就此閒談，大谷師說此次內閣的總指揮官是德富蘇峰，弟有同感。因此煩請我兄往見蘇峰師，探探內情，如果眞如財部的信所說，弟等當奮勉一番，堅持到底，否則祇有歸故山臥藏之一途。

當地的領導者悲觀北京，悲觀日本，抱着滿腔的不平傍觀着雙方的演變。對於日本的事，最近似稍安心一點，但，是否將大力以赴，仍是他們的疑題，也是弟之疑題。此點一決定，他們將隨時奮起。如果日本內閣的方針一定，不經北京政府的同意，對國民黨的地盤湖南浙江兩廣雲貴等成立地方借款，加以融通軍器，他們將立刻取得天下。他們如果取得天下，當然會承認借款。國會議員能說什麽？說又有何用？祇要地方肯負責任就行。

現在，孫黃唐〔孫中山、黃興、唐紹儀〕非常團結，這是可喜的現象。黃唐岑〔黃興、唐紹儀、岑春煊〕三人更是團結。但孫、岑並不融洽，而如果孫太發揮自我，則很可能孤立。但祇要弟在此地一天，自不會令他犯此種錯誤。孫如果聽黃唐岑三人，或聽黃唐二人，不要亂動，他們皆能繼續做領袖。孫最近好多了，但有時候還是個性太强。

黃興的病，比以前好得多，但要完全恢復，恐怕得兩三個月以後。
十一日，唐紹儀、胡漢民由北方回來。
十四日，李根源、章行嚴從廣東來，但均未能與黃面談而感覺爲難。
與蘇峰師見面事，請儘早實現，拜托拜托。

匆匆敬啓

十月廿二日

虎藏拜

民藏兄

（封面：「東京市小石川區仲富坂十九青雲舘　宮崎民藏様侍史　煩親展」，封底：「上海虹口勝田舘　宮崎虎藏」）

給古島一雄

一九一六年十一月七日

玉箭拜誦。
黃興之死，使我痛心欲絕。連自暴自棄的酒都不想喝。一歐幾乎發瘋，我也大哭特哭。

昨日家族由東京來，又使我哭一場。

敬啓

十一月七日

弟滔天

一念先覺

（封面：「東京市上澁谷四三　古島一雄樣」，封底：「上海勝田舘　宮亂虎藏」）

給宮本嘉太郎

一九一六年十一月二十一日

拜啓　最近身邊發生有一連串的不吉利事，使我如在惡夢之中。天下事似要定而不定，眞令人掛慮將來之發展。今日黃興死，由之弟之心算一切破產。將來之方針亦未定。兄所希望之事，一時歉難辦到。

平野並沒來。請自重。

敬啓

十一月二十一日

滔天

宮本仁兄

（封面：「日本熊本縣玉名郡玉名村　宮本嘉太郎樣」，封底：「上海虹口勝田館　宮崎虎藏」）

給進藤喜平太

一九一七年一月二十一日

肅啓　奉靈南兩翁〔頭山滿、寺尾亨〕之命，到門司接岑春煊，並送往別府，小輩將搭今日夜車到長崎，乘明日的八幡丸回上海。

經過博多車站而未能拜訪，非常失禮，請諒。

請代向社裡諸兄致意。

匆匆敬啓

廿一日夜九時

宮崎虎藏

進藤先生

（封面：「福岡市玄洋社　進藤喜平太先生侍史」，封底：「於門司川卯　宮崎虎藏。」）

給松本藏次

弟將乘十二日夜或十三日的特快車到神戶，馬上就回來。

張〔繼〕、戴〔季陶〕兩位先生將搭十二日夜車到大阪，十四日參加神戶的歡迎會，戴將於同日回馬關乘熊野丸回廣州，張歸途將到京都，然後來東京逗留一些時間。

一九一七年九月十日

給古島一雄

一九一八年一月十八日

謹啓　因爲突然動身，所以什麼地方也沒去辭行。抵達此間以後，忙東忙西，四、五天前見過岑春煊，二、三日前纔與孫洪伊會面。詳情可能已由張繼轉達，現在祇奉兩人談話的大要。此事煩請轉告馬場下翁〔犬養毅〕及靈南翁〔頭山滿〕，謝謝您。

就妥協問題，岑老說：「此事最早是由馮國璋提出的。同時也有日本朋友的勸告（這個人是田中〔義一〕參謀次長。但請守秘密〕。西南方面推我做代表，向馮提出以停戰爲前提，然後談主題，馮電覆同意，可是他却一方面任命龍濟光爲兩廣鎭守使以攪亂兩廣，另方面任命劉存厚爲四川督軍以擾亂四川，不但不由湖南岳州撤軍，而且增兵，其無誠意，由此可見。此人決非能負國家責任的人物。我認爲，非打倒段〔祺瑞〕、馮，中國不得和平。據說，日本亦有南北妥協論者。這是可喜的。不過眞正的妥協，應該建立在法律之上。無視法律的結合不是妥協，而是野合。野合可成功於一時，但不能長久，總有破裂之一日。基於這種觀點，我認爲維持約法，恢復舊國會是妥協的關鍵。在這一點，西南諸子的看法是一致的。馮以下當局的人們，祇顧自己的立場，沒有爲國家爲人民的誠意，實在太可惜。不過如果日本能捨棄援北壓南的方針，不從事忽視法的妥協，則要使這批人就範於法之前決非難事。」

岑老轉話頭又說：「在中國，大家一向認爲北方的兵强，隣邦的人士亦做如是觀，事實更證明是這樣的。可是近來的傾向却與這個歷史的事實相反。詳而言之，最早派到湖南的北軍是段祺瑞的心腹，所謂北軍的精銳。可是它却一敗塗地，敗得不可言狀。反此，南方的李烈鈞部，一年半沒發過餉，祇喝稀飯過日子，但却沒有一個逃兵，更沒人鳴不平，且服從命令。由是觀之，段軍與李軍之差何至千里？不僅李軍，在各方面活動的南軍，不但防寒用具不全，薪餉、糧食都非常不足，但在戰場却到處打破北軍，這是令人矚目的歷史上的變化。

其故安在？無他，即南方一帶接觸了文明的新精神，並以此精神為原動力。反此，北軍自失去皇帝以來，由袁〔世凱〕而段，由段而馮，被他們依次驅使因而無中心信仰，氣既死，即祇為金錢而生。這不但士兵如此，連各督軍亦然。他們之所以大叫討南，祇是為了貪汚軍款而已。因此，日本之援北實有百害而無一利。請轉告犬養、頭山以及其他隣邦同志以此實情，並請其努力於改變援北之方針。

孫洪伊談北方軍閥的明爭暗鬥，極其詳細，並結論說，如果沒有日本的援助，他們將自滅，而就是給予援助，也是時間的問題。他說，最後的勝利將屬於他們，希望日本同志也要好好努力，從而轉其話頭說：「在今日，新思潮不但澎湃於西南，而且瀰漫於整個中國大陸。譬如湖南的戰爭，不消說，北軍是段的心腹，北兵的精銳。他們如果認眞打仗，我敢斷言，南軍絕非其對手。無論在勇氣、武器和軍糧，北軍都遠優於南軍。可是他們却沒有鬥志，因而從沒打過一次像樣的仗，而就捨鎗棄彈逃亡而後已。這意味着他們自覺為一私人而與護法軍交戰是不義的。他們很清楚共和國的無上權威在於國會，在於法律。這是為什麼他們不願意與護法軍打仗的主要原因。第一革命後的六年，中國國民有過非凡的進步。今日的民國已經不是孫中山的民國，也不是段、馮的民國，而是國民的民國。這的確是可喜的現象。願依隣邦同志的努力，以改變一部份人士的援助方針，而致力於中國國民的培養，如是則民國之大幸，中日親善纔會成爲事實。」

我覺得，對於馮國璋，岑、孫都好像很討厭。岑春煊甚至罵馮國璋說，在人格上馮遠不如段祺瑞。但對李純、陳光遠則十分信賴。依我的看法，李、陳和馮的關係，不像跟岑、孫的關係那麼單純，而最後在恢復國會、維持約法這一點如果不能與馮採取同一行動的話，李、陳很可能與馮分袂而去。詳細再談。

敬啓

正月十八日

弟滔天

古一念先生

（信封面：「東京市上澁谷四十三　古嶋一雄樣　親披」，信封底：「上海崑山路第一號A　宮崎虎藏」）

給宮崎槌子

一九一八年五月三十日

短柬

一、關於步槍，迨至昨日未見決定，故已暫停。因湖南代表張翼鵬兄以拖得太久對同志無法交代，急欲回去。眞是對張先生、杜先生不起。

一、其所以拖得這樣久，如前函大致說過，寺內〔正毅〕首相和陸軍省已經決定要准了，惟正在處理妥協問題的新外務大臣對首相要求，請首相等到這個問題的結果出來以後再說。不管妥協成功與否，都要准，祇因現在還在談妥協問題，所以要等一些時候。

一、其用意，似以目前南方派已有妥協傾向，如果此時予以步槍，南方可能不肯妥協。後藤〔新平〕新外相，以其愚笨的見地，必阻碍步槍的輸出。後藤認爲，孫先生離開廣東後，南方比較容易妥協。

一、讀最近中國的電報和通訊，誰都會覺得很可能妥協。不過當此種傾向消退，南方堅決擁護約法，恢復舊國會的旗幟鮮明時，後藤這個庸醫將罷休了。此時，南方派的主張需要一致而鮮明。若是，步槍問題和借款問題不日即可獲得解決。

一、此次從中爲我們盡力的是，寺內首相的親戚，今年六十九歲的老人。這個人是頭山〔滿〕翁三十年來的老朋友。以上所言，絕非杜撰。

以上諸事，請代轉告雲南代表李宗黃兄及吳永珊兄。

以上

五月三十日　　　　　　　　虎藏

土子殿

（沒有信封）。

附註：一、本文係由二百二十九封信選譯的。

二、信件，有的全譯，有的衹譯其一部份。

三、文中，對　國父，大多稱爲　孫文，有時候稱　中山，譯者大致稱　孫中山，時或稱　孫先生。

四、滔天署名，有時寅藏，後來稱虎藏，譯文完全照原文。

五、文中的（　）是原有的括弧，〔　〕是全集編者所加的括弧。

六、對其夫人，滔天有時稱津知子，也做土子。槌子、津知子、土子在日語都是同音，譯文完全照原文。

七、本文譯自「宮崎滔天全集」第五卷。

一九七八年五月廿三日　於東京

胡寫日記

宮崎滔天

一九二〇年四月二十七日　雨

早晨起來，看報，忽然讀到譚人鳳先生去世的上海電報，使我又驚又悲。先生未能完成其大志，與世長辭，實在可痛，可惜。

我與他相識十有八年。我倆的接觸雖然不算很多，但我却非常佩服他的志操和勇氣。記得三年前，在他的故鄉湖南，爲了參加黃興君的葬儀，他回來我去而相逢，是我倆的永訣。

當時天天宴會，因而我們常常見面，一夕在某宴會席上，他要我非喝威士忌不可。我以病爲理由謝他，但他却鼓勵我說：「我倆能夠活到今天不是早已夠本了嗎？」至此，我無法再辭，於是舉杯與他乾杯。先生傾然一飲，突然變其臉色，棄杯而瞪着主人的臉說：「這樣淡的威士忌怎麼能喝？」主人頓首百拜，命人拿來最後的威士忌。先生又跟我乾杯，喝了之後又捽杯子怒說：「這種酒不能喝。」說罷，憤然而去。他就是這樣直情徑行。而這也是我倆的最後一次乾杯。

先生執純民主義，始終不渝，終生爲民黨的老戰士。他的境遇，清貧如洗，衣食不足，也不介意。他不但包容和愛護許多同志，而且對於日本某浪人（北一輝？）夫婦，甚至照顧其生活達十年之久。若非純忠至誠之結晶的他，怎麼能夠做到這一點？今日此人亡矣。噫。

五月二十日　晴

壺狂君來邀我到鶴見總持寺去參觀黃興將軍的石碑。我答應去，內人也希望同行。三個人乘山手線到品川，在品川換到橫濱的電車，在鶴見車站下車。由此走路，經過山門，走大約二百公尺的坡路，往右邊去就是總持寺佛殿，再向左轉少走山徑，在小山的高度五分之四左右的地方，與總持寺相對而屹立的大自然石便是黃興將軍的石碑。

好高大的自然的一枚石，犬養毅先生在它上面寫着：「黃君克強之碑」，後面寫有黃興將軍的簡歷，和刻着陳其美君在此寺舉行追悼會時，黃興將軍應方丈要求而行的揮毫。簡歷、文字全部出自犬養先生。

石碑本身，無論位置、文字、石頭、都沒話講，但仔細一看，它的基石却很不够理想。於是壺狂君遂起薩菩心腸，對我說，希望我完成此項工作。我當場答應。他又請我代向犬養、頭山兩位先生徵求同意，我亦同樣答應。如此這般，遂決定改修基石。

蹲着石碑傍邊，追憶往時良久，內人在石碑周圍探查着栽種黃興將軍所愛好的躑躅的地點；壺狂君熟視着石碑，慨嘆文字刻得太淺，因而大爲不滿。

建碑事，本爲各國人所希望，但其實現，乃由於壺狂君的提議。因此建碑工作，遂完全授權給壺狂君，而壺狂君亦非常熱心於此事，譬如石碑的大自然石，就是他百般費心，由仙台運來的，惟其間因爲某種理由，壺狂君退出，換人繼續，迨至前年舉行建碑式時，壺狂君未參加，我也因爲人不在日本，所以也不克出席。因此到今天，我倆纔有機會來看這個石碑。而壺狂君之覺得基石不行，想予以改修，自不是偶然的。

我們告別黃君石碑之後，走到總持寺，一周院子，而驚訝於宏大的建築，然後上其對面的釣鐘堂，右拐進花月園後門，走下幽靜的小徑，在一家茶店休息，壺狂君喝啤酒，我和內人喝了茶。爾後又逍遙院子，上高地欣賞海上景色，因為天氣漸漸變壞，遂匆匆趕到車站，搭車而歸。

七月十八日　大晴

有客人來問說，中國的直隸、安徽兩派的鬥爭雖然不足為奇，但一直站在兩個極端的孫中山先生和段祺瑞竟然合作，實在想不通。是否能告訴他它的內幕。

我答說，他們兩個人的合作，似已無疑問；但不要說其內幕，就是它的表面理由我都不清楚。不過我覺得他們的合作，不是偶然的。

於是客人要我說說它的理由，我的看法是，第一，他倆的性格非常相似。許多人認為，在今日中國政治家當中，在沒有私心這一點，他倆是最好的一對。這好像沒有什麼，但在實際上非常重要。因為孫先生曾經對我說過：「在北方的政治家當中段最了不起，最低限度不偷偷摸摸」。反此，根據北方人的說法，段祺瑞常常對人家說：「孫中山是個眞正的愛國者，不過他的主張有時候有點離奇」。由此可見，他們之間有靈犀相通的地方。

第二，政學會一派和岑春煊、陸榮廷表面上玩弄和平會議，在後面則與徐世昌大總統握手妥協的事實，使孫先生一派辭去軍政府總長，唐紹儀之辭掉和平會議代表，與段祺瑞合作，伍廷芳和多數國會議員離開廣州，但據我個人的見解，這些不過是促使孫先生和段祺瑞合作的一個動機而已。換句話說，使他倆合作的眞正理由，應該是思想上的接近。

如所周知，孫先生是理想主義的人。由此他常被人家說是非，而處於逆境。但以理想為生的他，不但毫不介意，且以眞理是最後的勝利者而自樂。基於這種認識，孫先生不僅擁有偉人的資格（條件），而且是位絕不屈服於權勢的人物。（指不屈膝段祺瑞之意——譯者）

現在，我們來看看段祺瑞的處境。我覺得他正在四面楚歌之中。詳而言之，曾經蹂躪過國會的他，被南方目為元兇；同時蹂躪張勳的復辟運動以擁護共和的他，在北方則與所謂安徽派對立。在另一方面，南方政學會一夥和與其有因緣的岑春煊、陸榮廷一派，則更把和平會議排在一邊，暗中與徐世昌大總統勾結。因此，如果這樣下去，段祺瑞勢必陷於孤立，民國的國礎由之也有變動的可能。要之，這是段祺瑞接近孫先生的眞正理由。因為，段祺瑞這樣做的結果，既可以擁護他本身，也有擁護共和主義的效果。這等於說，孫先生和段祺瑞的接近，是段祺瑞妥協的結果。由是觀之，今日中國的紛擾，與其說是安直兩系的鬥爭，毋寧說是新舊思想的鬥爭和共和復辟的鬥爭來得恰當。

客人說，這也是一種見解。若是，勝敗將如何。我說，我不知道，不過如果段獲勝，共和的基礎必由之而鞏固；如果勝利歸於直隸派，或有第二次復辟。此時，已經浸潤今日中國青年之頭腦的文化主義將與共和主義携手合作，而釀成消滅復辟的運動，他們並終獲勝利。至此，政治問題將造成社會革命的新形勢。保守的反動的回頭，將使中國邁向文化主義，至於它將以何種形態出現，我不得而知。客人憮然而去。

九月二十七日　陰

報載陳炯明軍攻陷惠州，我欣喜若狂，因爲惠州是中國革命軍最早起義之地，也是同志山田良政君埋其俠骨之所。

可是現在又有報導說，攻陷惠州是錯誤的消息。我不知道究竟那則報導是對的，但希望前者是事實。

新聞報導又說，朱執信戰死於虎山。眞的嗎？嗚呼，果眞的？我希望它是錯誤的消息。每當我見到朱君的時候，我必然想起故史堅如君。因爲，無論其相貌、態度和革命主義，他倆都像得不得了。

因此我每次見到朱君，便在心裡禱告他能長壽，因爲我深怕他跟史君同其命運。

不過退一步來說，活於此世繼續辛苦，或者死於達其本分，以何者爲幸福，實在不容易論斷，惟希望朋友長壽，乃是人情之常，予生予死，乃是天意。我豈敢逆天意？

十一月八日　晴

我與中國志士談話時，感覺在望秋天的富嶽；與日本國士交談時，覺得在隔鞋搔癢。前者有熱力，直情徑行；後者伶俐，顧左右而言他，這乃由於國情國政的不同所導致。

日本人常批評中國人說，善於辭令。對於中國的官吏，或者可以這樣說，但新中國的中國人絕不是這個樣子。如果比較新中國的中國人和日本人，他們之間實有日本人與中國官吏以上的差別。

中國人愛爭論，服從道理，因此其弊爲易流於離奇。日本人重形式，拘泥情面，所以其弊爲易陷於保守。在新時代的兩者的命運，自應依其弊來判斷。（譯自「宮崎滔天全集」第三卷）

附記：宮崎滔天曾以「高田樹人」的筆名，自一九二〇年一月某日至一九二一年一月十日在「上海日日新聞」連載「胡寫日記」，以上是譯者從它選擇譯者認爲比較值得介紹的部份。

（原載一九七八年三月二十五日台北「政治評論」，轉載一九七八年六月號東京「留日學誌」）

桂太郎與孫逸仙

——介紹者秋山定輔

宮崎滔天

一

中國革命現在仍然進行中。這項革命事業將來的結果如何暫且不談，但其起因之為青年學生的自覺是不待煩言的。而對青年學生鼓吹和灌輸革命主義，領導和勉勵他們，將革命事業推到今日的情況者，就是中山孫逸仙君，這是不可爭辯的事實。因此，中國的革命，可以說是青年學生的革命，也可以說是孫逸仙的革命事業。我們似乎可以這樣說，中國如果沒有孫逸仙，中國的革命事業或許沒有今日的景況；中國如果沒有孫逸仙，中國也許根本就不會發生革命。又，中國的青年學生，如果能更澈底地信仰孫君的革命主義，那麼中國的革命事業，或許會有更大的發展。在南京政府時代，如果能贊成孫君的三民主義，並公諸於天下的話，就是未能實現，至少能使世界各國欽佩，這自今日來判斷，更是明顯的事實。所以，中國的革命是由孫君帶頭的革命，亦卽孫君其人的革命事業，孫君之爲今日中國的領袖，乃爲事實所證明了的。

二

在中國，祇有得到青年學生的共鳴者以外，什麼也沒有的孫君，終於向日本和日本人求援是很自然的。可是，日本和日本人並沒有給他充分的援助。雖然有一部份的同情者，但還是反對者佔多數，勢力又大，所以同情者被他們阻碍而未能給予孫君更大的援助。孫君亡命日本期間，其第一個嘗試是中日志士聯合援助非律賓獨立的問題，這件事不說也罷，由於日本人某氏〔中村彌六〕的不德行爲而失敗了。迨至一九〇〇年，因當時的台灣總督兒玉源太郎將軍與孫君之間有默契而引起惠州之役，可是又因爲當日的總理大臣伊藤博文的反對這起義終於未見天日。這是大家所知道的。

降至辛亥革命成功，組織南京政府，誓師北伐之際，與日本資本家之間將成立軍用金一千五百萬元的借款時，竟被井上馨所破壞，而不得不忍聲吞淚與袁世凱妥協，更將南京政府交出來，這也是大家所知道的事實。但對孫君最大的損失，同時也是對中日兩國最大的不幸是桂太郎的去世。我認爲，如果桂太郎仍然在世，中國的革命事業早已告一段落，更不會有如目前的中日兩國的糾葛，此時中日兩國名符其實地親善，而令歐美人羨慕呢！可是，天眞無情！中日兩國，是否還需要經過更多的考驗？此時此地來記述往事，雖不無有如在數死兒的年齡之嫌，但如能把本意爲歷史上之一大事實的桂、孫兩雄的合作，一朝忽焉，因桂太郎之死而功虧一簣的事實公諸於世，對於有心的讀者，或不無幫助。

三

大正元年亦即民國元年，把南京政府交出去以後，孫君便決心到日本。他的這個決心，並非有任何政治野心，而完全出自要答謝日本知己的至情。他要答謝日本知己的心情，與於將南京交出的前一天，到明太祖之陵報告恢復漢族時的心情是一樣的。於是日本的朋友們，遂與他的同情者，商量並着手準備歡迎，歡迎準備且已大致就緒，而正在等他的抵達日期時，突然接到孫君通知「中止」的電報。他的日本朋友們由之大爲驚愕。爾後有過數度電報的往復，但不得要領，最後的電報說「因爲生病暫時延期」，雖仍不得要領，但不得已，遂停止一切的準備。可是，其中止的原因，既不是生病，也不是他自己的不方便，而是由於有人從日本到上海去勸他所致。這個人是誰呢？就是秋山定輔。若是，秋山君爲什麼專程到上海去說服孫君，以及怎樣說服他的呢？這當然自有其十分的理由。

四

在這以前，秋山定輔君曾經準備漫遊世界，但偕其夫人抵達倫敦不久便吐血，因此遂中途而返。療養數年，完全恢復健康以後，他又踏上漫遊世界的旅途。結束旅行之後，他就往見山縣〔有朋〕，就其見聞有所報告，並力說日本當往何處去。聽完秋山的報告後，山縣便說：「唉我已老。請將高見說給桂聽聽」。並爲秋山安排這件事。過幾天，桂給秋山來了電話說：「想聽聽你的高見，今天下午五點能不能勞駕寒舍？」秋山當即答應，並於五點正訪問了桂公舘。他倆邊吃晚餐邊談，他們的談話，竟談到翌晨的八點。可是當天下午，桂太郎又電請秋山五點再見。秋山君又去，兩個人又談到第二天早晨的八點鐘。在這過程中，確立了他們的方針。

其談話的整個內容，我想不必全盤托出，要之，秋山君所提出經桂太郎所同意的事體是：「以解決中國問題爲目的，再做一任首相」；「出任首相不要由天皇提名，而新組政黨，以立憲的方法取得政權」；「與孫逸仙君肝膽相照以解決中國問題」。爲此，將着手從事日後成爲憲政會的同志會的創立運動。

五

適當此時，孫君來日的消息傳出。得悉此消息的秋山君遂往訪桂太郎問說：「孫君來時能跟他見面嗎？」桂太郎答說：「我是希望跟他見面的，不過據說閣員都對於北京有所顧慮，因此決定將不與孫君見面。若是，祗有我一個人跟他見面，必然會有種種中傷，結果反而對中日兩國不好。所以最好能改期來日」。於是秋山君說：「此說有理。如果改期……這幾行不清楚……做爲孫君的朋友，我不能做這樣沒責任的事。他專程來日本答謝，而日本沒人要見他。我不能做這種事。其他的要人不見沒關係，祗要閣下一個人見他，我想他是會滿足的。但既然連閣下也說不能見，那就祇有去勸他不要來。要令他失望回去，不如勸他不要來，這樣對雙方比較有利，也是我做爲朋友的義務。請記住時機到來時將肝膽相照這句話」。說畢，秋山君遂趕回家，帶同夫人，並未告訴何處去，當日就往上海出發。

六

秋山夫婦投宿於當時的三井上海支店長藤瀨政次郎君公館。他用電話與孫君聯絡見面的時間，並於第二天依所約時間往訪孫君。孫君很高興地歡迎他並問他來意。他答說：「我是來勸您暫時不要到日本的。」天生率直，想什麼就說什麼的至純的孫君遂答說：「那是不行的，這事早已決定，並且已經訂好了船位」。專程來到上海的秋山君當然不示弱而說：「但日本的大臣都決定不跟您見面」。孫君聽他這樣說覺得很意外，並答說：「我不是因爲有事找大臣而纔要到日本去的。我的目的是想去謝謝我知心的朋友」。孫君以此爲開場白，就其對日本的看法和對朋友的感情滔滔演說了足足三個小時，而結論說：「就是所有的日本人不跟我見面，我也有對日本和日本人道謝的義務。那時，我將向富士山鞠躬回來」。至此，秋山君覺得不能再跟孫君爭下去，而說：「我聽過您的義務了，聽了三個小時。今天我不說什

麼，但我明天有講三個小時的權利，您也有聽的義務。可以嗎？」約好明天見面的時間後，秋山君遂告別。（以後缺）

附註一、本文原文係自一九二一年一月二日起，以「韜園主人」的筆名，在「上海日日新聞」連載的。

二、一——五，收在「宮崎滔天全集」第一卷，五——六，收於該全集第五卷。

一九七八年五月廿五日　於東京

鄭弼臣君

宮崎滔天

鄭弼臣是三合會的頭目，是中國革命最早期的孫先生的老搭當，也是惠州起義當時的總司令。

一八九八年，我要再度到廣東的時候，孫先生給我一封介紹鄭君的信，並給我大致說明了鄭君的爲人，因此，我以要去見梁山泊統領的好奇和快樂的心情到達了香港。

在香港，由孫先生的同志得知鄭君正在香港的我，經由那個人的安排我跟鄭君見了面。在我想像中，鄭君是水滸傳中的人物，但他初給我的印象是：體格中等、圓臉、臉色蒼白，嘴是小小的，是個很柔和的人，可是他的眼睛却光亮射人。是水滸傳中人物的眼光。

他與其說是寡言，毋寧說是沉默的人。無論提出什麼問題，除是或不是，好或不好以外，一概不說；不管遭遇到何種困局，除左或右以外，完全不說。而且，常常自動地去處理事情，做完了事以後，從不自吹（不提）的一個人。

在香港期間，我受了他部下的幾次招待。他們都是所謂「黑家」的義賊，白天不露面的，夜更後，跟拿着寫有我名字的字條來帶路的小孩去的時候，每次在那裏等着我的是，三、五位梁山泊的壯士們。

這些近乎無賴的仁兄，對其頭目鄭君非常服從，對我這個賓客又特別客氣；而在其頭目鄭君同意之下喝酒談天的狀況，是多麼天眞而自然，令人看來很舒服。

他們還送我似乎偷來的各種各樣的東西。大家喝酒喝到天快亮，天一亮便散掉。據說他們都要回到九龍，以迴避香港政廳的耳目。惟如前面所說那種相貌，頭目鄭君則不必離開香港。

在我一生的應酬中，使我最感痛快的是，跟這些人見面這件事。我跟他們雖然語言不通，也不能筆談，但在默默不言之中，却完全能够瞭解彼此的心情，樂意互相握手，心甘情願地共赴死地，這眞是佛教的所謂不立文字拈花微笑的境地，而這當然是鄭君的影響力所導致。

同樣地，一八九八年，與中會、哥老會、三合會的三個秘密結社在香港舉行秘密聯席會議的時候，他以三合會代表的身份，與興中會代表陳少白做主人，全力接待哥老會的頭目們。哥老會頭目們所住的房子、廚司、用人，鄭君都派他自己部下充與，而其部下之守密，有規律，眞令人感佩不已。

我回東京不久，他便到横濱與孫先生同居，但有時候也到東京我的地方來住住。有一天，他帶了一個日本小姐住另外一個房間，並一再拜托，就是孫先生來找也不要告訴他在這裏。第三天，孫先生突然來找鄭君而問說：「鄭先生在不在這裏？」我不敢一開始就撒謊，所以反問孫先生說：「有急事嗎？」孫先生說：「是有急事。我找遍了橫濱每個角落，但都沒找到。除你這裏，他沒有其他地方可去，因此我專程來這裏找他。」

我很爲難。孫先生的急事一定是天下的急事。我雖然很想讓孫先生跟他見面，但又不忍心違言令天不怕地不怕，祇怕孫先生的他在孫先生面前出洋相，因此我說「請稍微等一下」而站起來，而孫先生竟邊說「我不會生氣的，我很瞭解」，邊跟着我後面來。我堅說「請你在這裏等，我把他帶來」，但孫先生却不聽，瞇瞇地笑，並躲在我後面。我把隔扇一開，孫先生便把臉伸在棉被上面。鄭君和小姐則趕緊鑽進棉被裏面去。我不由得拍手笑起來。

孫先生一點也沒生氣，祇對正在羞愧的他微笑着，並用中國話跟他交談，但鄭君似坐不住的樣子。我看此景，不能理解鄭君爲何如此懼怕孫先生，於是問鄭君其理由。

他對我答說：「今日的世界需要學問。沒有學問無法瞭解天下的事情。我所以拜孫先生爲師是爲了這種原因，並以馳驅於兵馬之間，做實際工作是我的佐務。換句話說，我一直以爲，孫先生以學問智識領導我們，一切需要膽量的實際運動沒有孫先生的份，應由我負全責，但知道孫先生比我有膽量以後，我便百分之百的敬佩他。

「這是最早的廣州事件（一八九五年的廣州起義）失敗時經驗的事情。當時，孫先生、我和另外一位同志正在廣東的大本營。此時我們得到中央軍指揮官陸皓東先生在離開我們不遠的地方，等着從西河、東江、香港三處攻來的我軍，但說明天早上先鋒隊將要到達的前一天，清朝官警得悉陸皓東先生處，並逮捕了陸先生的情報。」

「知道此事的一個同志，馬上跑出去。我也認爲刻不容緩，因此拉着孫先生的袖子，慫恿他趕快一起逃，但孫先生却處之泰然，不慌不忙，臉色一點也沒變，燒着同志們的名簿和文件，命令部下埋炸彈等等，當然我不能留孫先生一個人先逃，所以邊發抖邊幫忙處理善後，隨卽又催孫先生逃，可是孫先生却泰然地說『幫我找苦力的衣服來……』。雖然討厭但又不得不服從，遂找工人的衣服來給他。」

「於是孫先生和我都換成了苦力的衣服。此時孫先生纔說『走罷！』說吧，遂站起來走在前頭出門，我跟着他後面。這時，孫先生不但不避開人，而且故意走人多的地方，這樣走到人羣嘈雜的碼頭，在那裏搭上往澳門開的船，然後在澳門轉乘開往香港的船，經由香港，來到日本。他這種處於死生之境而泰然的膽量，是我萬萬所不及的。我怕他，尊敬他，實始於此時。」我認爲，鄭君發抖而不逃，跟孫先生始終同進退，實在不容易（夠朋友）。

反此，孫先生他告訴過我有關鄭君的事，孫先生說：「在許許多多的同志之中我沒見過比他更奇怪的人。他是我廣東醫學院和香港醫學院前後六年的同學，但他却從沒來上過課，也不看書。在學業之餘，如果有人談政治論革命的話，他一定來旁聽。他絕不自動發言，但他却要旁聽到底。」

「迨至我醫學院畢業，在澳門開設醫院，他完全沒有跟我商量，就退學並到我的醫院來。日後，我被葡萄牙醫生嫉妒，關掉醫院搬到廣東的時候，他也跟我一起來，仍然無所事事。我長期地觀察他的舉動，知道他喜歡革命，所以我跟他商量過一切，但他祇說是或不是，因此我無從知道他的眞底細。」

「幾乎廣東的整個海軍和陸軍的一部份都聯絡得上，說一起義他們便要響應的階段，但這起義必需有三合會的支援。祇要跟三合會取得聯絡，便可成立近乎完整的革命軍，因此大家便開始討論此事。這時鄭君笑瞇瞇地說『我早已聯絡好了』。前前後後，這似乎是他唯有一次的發言。於是我問他準備怎麼辦，鄭君指他自己說『我就是三合會的頭目』，並微笑着」。

一九〇〇年，我到新嘉坡時與孫先生、鄭君同船；被趕出新嘉坡的時候，我跟鄭君同船到香港；被逐出香港時我跟鄭君分手，這是我倆的永別。而在船裏，我從沒有見過鄭君，到鄭君房間也找不到他，因此我問孫先生其故，孫先生笑着說：「船上自中國服務生至火夫都是他的部下。所以他很可能被他部下請去抽着鴉片罷。」

他貪戀任何事物，而以革命爲其生涯，但除革命以外，他最喜歡的就是鴉片。孫先生一向不喜歡干涉人家的私生活，但對鴉片則非常反對，可是對於鄭君却默認其抽鴉片，雖然如此，鄭君却怕給孫先生知道，而偷偷地抽。由此我們可知他具有猶如猛虎的膽勇，同時也具備有斑鳩的優美性情。

從香港回到日本以後，警察對我的監視日嚴，此時孫先生偷偷到台灣，在那裏完成準備，並電命在香港的鄭君馬上起義。鄭君遂至惠州，糾合同志起事，是爲惠州之役。

惠州義軍總司令鄭君督軍甚嚴，固守文明式軍律，克敵軍，慰撫良民，照預定繼續廈門方面進軍，惟日本方面的計劃發生齟齬，鎗彈輸送發生問題，孫先生飲恨電命解散。鄭君遂呑淚撤退軍隊並予以解散，返抵香港以後不久，一夕突然吐血而死。鄭君是中國革命的前驅，是繼陸皓東君爲革命犧牲的最重要幹部。

（譯自「宮崎滔天全集」第五卷。此文原刊於一九一九年的「上海日日新聞」。一九七七年九月二十二日於東京）

史堅如君

宮崎滔天

「相貌如玉」或「膽大如斗」等形容詞，雖然來自中國，但我却初次發現眞正兼有這兩者的實在人物，這個人就是史堅如。

的確，他是個不折不扣的美男子。無論從何種角度來看，他是瓜子臉，深藍色的眼睛，像月牙的眉，和嘴唇好看的絕世美少年。

在今日，中國雖然已經是個共和國，連草木也都變成「民主主義者」。但在當時，要做一個革命主義者，實在比「駱駝穿針孔」還要難。可是，身生於富有之家，要什麼有什麼，爲乃母愛之如手中之玉的他，却棄其慈母，奉革命主義，爲革命犧牲，這是普通的人嗎？

在這個世界上，如果有優美這個東西的話，史堅如正是名符其實地是它的化身，是它的

「樣品」。我深信，舉凡見過他的人，都不敢相信他會成為革命主義者；更不可能相信他是中國革命的過程中，第一個使用炸彈，而上斷頭台的人。因此，當我獲悉他犧牲時，我便叫出「中國革命的天使！」嗚呼，這個天使，在他年方十九，花正要開時就凋謝了。

一八九八年，我在香港的時候，他拿着陳少白君的介紹信來旅館看我。那封介紹信說：「我馬上就來，其詳面談，如果史君的哥哥（古愚）來的話，請你告訴他，說你要把史君帶到日本。」

由於恰巧我另有五、六位客人，所以看完了介紹信之後，繼續與其他客人談事情，不久，史君竟在沙發上開始打瞌睡了。客人走了之後，我便到沙發去坐下，這時史君睜開眼睛一笑，並站起來到桌子的地方坐下，從口袋裏拿出鉛筆和紙張，開始寫。我想他準備跟我筆談，因此遂走到他旁邊跟他一起坐。

首先他問我的革命主義是什麼。我簡單地告訴他，欲在中國創立理想的天國（堂），並推之於全世界。聽完之後，他滿面喜色，緊緊握住我的手，而更滔滔不絕地寫了數千言。

其大概內容如下：「鑒於天意人道，破壞弱肉強食的現狀，建設世界同胞主義的新社會，乃是今日的急務。法國在其革命時代，揭櫫自由、平等、博愛之三綱，發表人權宣言於世界，美國於其獨立戰爭時，鳴自由之鐘，發表獨立宣言，但這些皆限於其國內，對其他國家，他們則不僅行不人道，就是在其國內也行之不徹底。因此，我們必須行其未能行，實行中國革命，徹底推之於世界。在此點，我與先生所見完全一致，故我非常高興。

「但是，我國的革命主義者，除二、三人外，其思想仍然甚為幼稚。否，大多數同志都完全不瞭解其意義。因此，我很冒昧地隨前幾天在此地開會的哥老會頭目到上海，參加其一行，視察長江一帶及其附近哥老會的實際情形，與其聯絡之同時，並努力於對他們灌輸我們的革命主義。

「可是我最敬愛的母親，却不許我遠離她。我利用了先生的名字，結果獲得她老人家的許可。因為我母親從報紙上知道當年先生救了康有為，並把他帶到日本這個事實。我說先生將帶我到日本去，並關照我的生活，她纔放心讓我走，今日且將令我哥哥來謝謝先生。如果我們還沒疏通這個意思之前我哥哥來了的話，一切計畫將付之東流，所以我便趕緊來看先生。我哥哥雖然不反對革命主義，但却更珍視生命和財產，因此請先生留意此點說話。」

讀完了他的筆談之後，我非常吃驚於他徹底的革命主義，偉大的抱負，和用心之周密而瞪着他，感佩之餘，我握着他的手，油然叫聲：「我的老弟！」如果他是個普通樣子的人，我很可能一邊敬佩他的高遠理想和抱負，一邊懷疑他的真正動機。可是對於這個不到五尺高的少年，我却找不到任何理由來懷疑他。我倒懷疑他是不是人，而再次凝視他。從今天來看，他這種見解實在一點也不新鮮。但在二十年前的中國，從十七歲少年的嘴裏說出這種見解，對我來講，是件大事。

這時，陳少白君來了。他看了看四面之後問：「哥哥還沒來嗎？」史君搖搖頭。陳君似放了心，開始說明其來意。我說我已經知道一切了。於是陳君用英語對我就史君說：「這個人很奇怪。四、五天前他初次來看我，問我有關中國的意見，我說祇有革命，中國纔能得救，於是他便滔滔不絕地說他的革命主義。其理論之有條有理而高遠，實在令我大驚。所以我有點懷疑他不知從那裏學來這種思想。」

陳君的驚奇和疑問，跟我不謀而合。大概爲了到日本事，這幾天史君似往返廣東的老家數次，因而過於疲勞，所以我和陳君在談話的時候，他也在旁邊打着瞌睡。陳君指着他的睡臉說：「宮崎先生，你看，他多麼天眞和可愛！」

此時，自稱其兄的人托服務生遞來了名片。陳君遂把史君叫醒。史君睜開眼睛笑了笑。隨卽他的哥哥進來了。史君以笑臉向乃兄介紹陳君和我。乃兄說：「這次舍弟受你們幫忙很多。以後亦請多多照顧。」「決心到日本讀書很好。我雖力量有限，但將盡力幫他，請你放心，……」我透過陳君很認眞地撒了這種謊。

數日之後，陳君、史君我三人，搭乘往日本的船由香港出發。那時史君哥哥曾來送行。

史君除廣州、香港之間的小汽艇外沒坐過船，因此暈船，關在室內連飯也不吃，但我却硬把他叫醒，並拿出開三派秘密結社聯席會議時請大家寫過字的外掛，强制他執筆，他跟過去一樣微笑着起來，思索少時後，很快地畫了一枝梅。誰能知道，它竟成爲他給我的終生紀念。

船抵達上海。脛部負傷的陳少白自不宜上岸，於是我帶史君登陸，訪問在唐才常君公館的哥老會頭目們，托之以史君事，更受唐君的款待，然後回船，與陳君返日，在橫濱向孫先生當面報告詳細經過，爾後回到我的老窩東京的對陽館。

經過十天左右以後，史君哥哥寄來了一封信到對陽館來。這是寫給史君的，但這信使我非常難過。當然他相信其寶貝弟弟是跟我們在一起的。可是在實際上，他的寶貝弟弟是在華中長江流域，從事着秘密結社的秘密運動。

不得已，我把這封信轉寄給在橫濱的孫先生。不過我想孫先生也無可奈何，祗有把它排在那裏。過一星期左右以後，他哥哥又來了一封信。其中可能有其慈父的來信，因此我頓覺自己罪孽之深而自責，並耽心史君的安全，但又以這正是所謂大義滅親而自勵。經過三個月以後，信件竟達數十封。有一天，史君竟突然陪孫先生來到我的浪人窩。

史君有重要事到日本來，同時發現能採取令其母親放心的方法而高興。那天晚上，我們談革命談到三更半夜，並在我窩住一宿，隔天他與孫先生回到橫濱，數日後，他又離開橫濱編者先生：

您好，貴報於民國六十六年十月十六日，星期日的中央日報副刊上，有一篇宮崎滔天作，陳鵬仁譯的「史堅如君」（上），其中形容史君：「是個不折不扣的美男子。無論從何種角度看，他是瓜子臉，深藍色的眼睛，像月牙的眉，和嘴唇好看的絕世美少年。」

「他是第一個使用炸彈，而上斷頭台的人。」或許，是我太孤陋寡聞，看了這二段形容與描寫，我有兩個問題，一是：「深藍色的眼睛」，難道史君是混血兒？那一國和那一國的混血兒呢？二是：我們只學到為革命而犧牲的第一位烈士是陸皓東烈士，而我以為史君「他是第一個……」亦很有歷史上「被知道」的價值，而為什麼我們從沒學到呢？再看文章內論到史君的言談均是偉大的革命抱負，成熟的思想，很令我慚愧的是，我只「略知」史君之名，至於他的生平、家世，却不甚了解；於是我請教歷史老師，（我是抱著很大的「馬上就可知道答案」的心），而歷史老師却道：「對不起！老師也不太清楚，只是聽過他的名字，……」，打電話問張老師（他們專門解決青少年們的「一切」問題），電話那頭傳來的是：「對不起！張老師也不大清楚他！」他接著請教別的張老師，亦都是「莫宰羊」，問國文老師，國文老師也是不曉得；我才猛然發現，身為中國人，可是我們都很不清楚史堅如烈士，可否麻煩編者先生您代為解答；且指導我該找什麼樣的「一本書」，有對史君詳細的介紹呢！（書海浩瀚，我還只是一名高中生，不大清楚那本書是有關這方面的介紹與詳述）。

誠摯地祈盼編者先生能在百忙中幫我解答一下，且讓更多人知道、清楚史堅如君，好嗎？可以嗎？　敬祝

心怡、編安

中央日報忠實讀者

王斐宜　敬筆

六十六年十月廿六日

二

鵬仁先生：

①請根據原文答覆他。

②請將此信和你的答覆都寄給中副，一併發表，以釋羣疑。

弟　孫如陵　敬上

十月二十七日

三

編者先生賜鑒：

十月二十七日手示及王斐宜同學的信均拜悉。茲就王同學疑問答覆如左：

一、「深藍色的眼睛」，其原文爲：「瑠璃のような黒ひ眼」。如果要更正確的翻譯的話，似應爲「藍色寶石般的黑眼睛」。因此，史堅如的眼睛還是黑的。這句索性就可以譯爲「黑黑的眼睛」。所以史堅如是道地的中國人，不是混血兒。

二、史堅如是「第一個使用炸彈，而上斷頭台的人」這句話，應該留意「第一個使用炸彈」這個部份。爲革命犧牲的第一位烈士固然是陸皓東，但「第一個使用炸彈而上斷頭台的人」却是史堅如。

三、關於史堅如的生平、事功等，中國國民黨中央黨史史料編纂委員會所編「革命先烈先進傳」（民國五十四年十一月十二日出版）一書有詳細的記載，請能參閱此書。

專此謹覆　敬請

編安

弟　陳鵬仁　敬啓

六十六年十月卅一日

我愛看「中副小簡」

陳朝棟

我愛看「中副小簡」，就如同這十五年來喜愛閱讀中副的每篇佳作一樣，有着等量的感情。

中副園地一向公開，作者也是讀者，讀者也是作者，在此情形下，「中副小簡」很自然的成了讀者、作者、編者三者間的橋樑。

每天閱讀中副，第一個找尋目標是先看有否「中副小簡」？我很重視這塊園圃，已多少年如一日了。何以會這般偏愛它呢？因我有剪貼習慣，我認爲剪貼如果僅止於剪貼，閱讀僅止於瀏覽，那是不够的。而「中副小簡」最大的好處是可以幫助我去追蹤過去所讀過的或剪貼過的作品中，有否需要補充說明或修正錯誤的地方，得到一種「文追文」的樂趣。此外，中副小簡每每爲編者「代言」，讓我們知道編者的一些意向，不管小簡或長或短，但每次讀了都彷彿若有所得。

九月三十日編者曾透過小簡希望「加油三日記」的楊燕模先生能再爲中副寫文章，小簡見報後，我天天也期盼楊先生「再來一篇」，可是到現在尙未見到他的大作，實在是一件很令我失望的事。

就以十一月八日的「中副小簡」爲例。如果祇剪貼十月十六日陳鷗仁先生譯的「史堅如君」一文，而不再看那則小簡，我一定會認定他寫錯了，因爲第一個爲革命而犧牲的人，明明是陸皓東烈士，怎會是史堅如君呢？如今讀了小簡上原譯者的說明，才眞正明白第一個使用炸彈而上斷頭台的人，是史堅如；而爲革命犧牲的第一位烈士才是陸皓東，二者不能混爲一談。說眞格的，過去歷史老師未曾教過，自己也未注意到這個問題，如今能讀到中副這段小簡，實在是一大收穫，也是一件樂事。

我愛看「中副小簡」，因它好像一位活潑的啦啦隊隊員，時而爲作者們加油，親切的給予鼓勵，時而爲作者們指出一些錯誤。這小簡雖祇寥寥不多幾個字，但往往也能使我增加不少見識，以及促成寫作上進步的啓示。因之，我一直喜愛它，重視它。

（原載一九七七年十二月五日台北「中央日報」副刊）

陳天華君

宮崎滔天

文豪，且以革命的鼓吹者馳名於整個中國的陳天華君為求滿足智識的欲望來到日本留學，不料竟遇到日本政府所頒佈之所謂「留學生取締規則」，不勝憤慨，而終於投大森之海自殺，世人對此事當記憶猶新。

我認識陳君於程家檉君宅，是經由程君介紹的。從此以後，我跟陳君有好幾次見面吃飯喝酒的機會，惟他不大說話，加以語言不通，所以我們沒交談過，祇是乾杯又乾杯了事，而今竟與他永別。

現在我還記得非常清楚，孫竹丹君放暑假回國，再次回到東京的時候，帶回來大瓶的紹興酒，但在海關却繳了不少稅，和由神戶化了一大筆運費才把酒運回東京，孫君對這意外的開支很不以爲然，因此一再吩咐要開紹興酒時，一定請他來開。有一天，陳君來見，我突然想開那瓶酒，遂無視與孫君之約，自行開酒，與陳君痛飲一番。這時，我倆，除「好好」、「乾杯乾杯」以外，什麼也沒說。

數日後，陳君來邀我晚餐，那時，我倆用他珍藏的蠑螺殼杯子比賽乾杯，喝得兩個人都不省人事。此時，也祇說「乾杯」而已。這是我倆最後一次聚會；兩天後，他便投海自殺了。

陳君眼光有神，一見便可知道他是有骨氣的人。但與他對座喝酒的時候，却會覺得他謙遜優美之德溢於言表，而令人戀之不能忘懷。

一九一六年春天，爲參加黃興君的葬禮，我到了黃君的故里湖南，屢次登嶽麓山，叩頭弔唁於其棺材之前。

陳君不是有手腕的人。他的性格不適合於在秘密結社裏從事密謀的工作；他是具有豫言者風采的宣傳鬥士，是擁有高尚優美心坎的文人的先驅。

（原載一九七八年二月號東京「留日學誌」）

趙聲君

宮崎滔天

在端方君時代擔任南京師長，以在少壯武官中有爲的人物聞名的趙聲君，因爲被革職而又著名，更因他始終是革命黨人員而馳名於全國的人物。

我跟趙君認識，是於一九一〇年（？），他爲與孫先生和黃興君見面來東京，並與孫先生住我家的時候。這是我倆的初逢，也是我倆一生唯有的見面機會。

他在我家裏大約住了一個多月。在這期間，我們幾乎沒有交換過意見，祇是晚餐時喝酒，拍拍胸脯，以盡意氣相投之意。語言不通雖然不方便，但我們還是能夠彼此了解一切，這是人類的妙處。我跟趙君的對話，簡直是啞吧與啞吧。

趙君身高瘦瘦，寡言沉著，是位可敬的硬骨漢。他雖喜歡喝酒，但很謹愼，所以絕不多喝酒。黃興君要我不要强趙君多喝酒，因爲酒喝多了，趙君會大感興奮，慷慨激昂，從而刺激其神經，損害其身體。因此，每天晚上，我祇跟他乾幾杯。

當時，我兩個小孩都在上中學。他們下課回家，一定要學擊劍。做爲武人的他，起初看他們練習，後來他也參加了擊劍。擊劍時雖然都戴面具、手具，但是小孩們一點也不客氣，把他打得兩隻手都腫起來，甚至流血，而他毫不在乎，仍然繼續練下去。

孫先生離開我家到南洋後，趙君也搬到林君（查不出其名—譯者）宅，並與黃君君先後離開了東京。臨走前，他作一首詩，寫在扇子上面送給我，現在我還保存著這把扇子。這首詩如左：

海國秋風早　驪歌倍愴神
去留原不易　家國竟何存
馬革終當裹　虬髯偶可親
黃龍一杯酒　有日悅嘉賓

以黃興君爲總司令，與廣東總督衙門襲擊事件有關係的他，本來是準備參加這個壯舉的，惟因計劃屢次齟齬和變更，致使被其雙親懷疑其行動，從而被幽禁，因此未能參加這個壯舉，且此壯舉歸於失敗，所以趙君悲痛之餘，終於氣死。趙君的一生，可謂熱腸熱血之一生

。（譯自「宮崎滔天全集」第二卷。此文原刊於一九一九年的「上海日日新聞」。一九七七年九月二十日，譯於東京）

（原載一九七八年三月廿二日東京「留日學誌」）

畢永年君

宮崎滔天

畢永年君是湖南的志士，與譚嗣同君關係很深，曾參加康有爲等的變法自强運動。譚君被殺，康君逃亡國外以後，他也亡命日本，苦於出處。惟他以康有爲態度曖昧，一夕與　孫先生交換意見，竟意投氣合，遂與康有爲絕交，與　孫先生攜手，以迄於今。

我與畢君相識相許，乃於此時。他認爲既然這樣自不可無所事事，遂應日本人在漢口經營的漢字新聞「漢報」之邀請擔任主筆。他在工作之餘，並努力於聯絡湖南和湖北的同志；惟對於該報社的日本人虐待中國工友非常憤慨而辭職，重來日本。由此可知畢君是個多血多感的青年。

不錯，他是多血多感的人。因此，無爲的生活，對他是一種痛苦。他與　孫先生商量，結果回故里湖南，以聯絡同志。但他是政治犯，做「漢報」主筆時，因爲在租界，用假名還可以混得下去，但回湖南，情形就兩樣了。所以，畢君裝成旅行者平山周同志的僕從，聯袂回湖南。幾個月後，平山君回到日本，畢君則仍留彼地，以從事聯絡活動。

畢君入「虎穴」所做的聯絡活動非常成功，亦即糾合哥老會頭目，陪他們到香港，參加三合會、哥老會、與中會的聯席會議，其間雖然有過種種波折，但總算達到了他的目的。惟在香港時，邂逅同鄉的前輩釋紫林君，在此人引導下，他竟入了佛門。

紫林君原是湖南的志士，後以政治犯棄世入佛門，四處流浪，在哥會老頭目中有些親友，尤其同情畢君之壯志，因此雖身在法外，但仍相機爲召開上述三秘密結社會議事盡力，俟會議開成後，遂與畢君結弟子之緣，並在香港告別，但爾後，畢君毫無消息，據說曾一度與紫林君隱居廣東白雲山，不久又傳說已經去世，但都不能斷言，惟鑑於二十年來毫無信息，他很可能業已逝世。

畢君體軀魁偉，近視眼很厲害，痲子臉，口吶，有骨氣，常喊我「骨董」，也自稱爲「骨董」，所以互以「骨董先生」相許，但他早往安樂淨土，我則仍生存於變幻莫測的人間，不但不能酬其志，落伍老而成爲眞正的骨董。眞是不中用之至。放筆悵然良久。（譯自「宮崎滔天全集」第二卷。一九七七年九月二十一日，於東京）

（原載一九七七年十月十六日台中「台灣日報」）

孫竹丹君

宮崎滔天

和程家檉君同爲安徽出身，同樣被疑爲變了節，且比程君下場更慘的就是孫竹丹君。把他介紹給孫先生的是我。同樣地，介紹他加入中國革命同盟會的也是我。他在同盟會中，雖有不少朋友，但他却硬求我介紹認識孫先生和加入同盟會。

他是才氣煥發，個性爽快，能擧一反三、聞一知十的人。一句話，他是一個有才華的人。但他不是泛泛的輕薄才子，而是很有自信和自負並夠份量的才子。

他在學業之餘，曾經學過催眠術。據說他學了一個星期就學會了，而使其老師大爲驚愕。的確，我覺得他烱烱的眼光具有一種魔力。

傳說他變節的同時，也有其相反的說法。我不贊成他變節的說法。但在中國人之間，我不參加是非，因此我仍保持對他的戒心。

革命前一年，孫先生潛居我在白山的家中時，有一天他突然來我家。內人警覺心很高，遂令我長子陪孫先生。

但這是爲了孫先生的安全，不是懷疑他而採取的措施。但這次的見面，却成爲我們的永訣。

經過一個月左右以後，跟我最親密的一個中國人革命同志，爲他拼命辯護說明，這乃是排擠同鄉同志所行的中傷和離間，並說他希望和我見面談談，不過他似乎正覺得不太好意思，因此勸我自動去訪問他和安慰他。我接受了他的勸告，但尚未訪問他之前，他就横死了。

據說，他應同鄉朋友之約，一道訪問東京某友人寓所，在那人人正與其主人鬥驚驚的時候，由後面拿鐵棒擊頭致死的。不消說，殺害的是同志，但他究竟是否變了節，至今我認爲仍是一個疑問。

如前所說，他是才氣煥發的人。因此往往輕視人家，甚且有凌人之風。如果他的死是出於同志之私憤的話，其原因很可能在於他那種目中無人的驕傲態度。如果原因是被懷疑變節的話，很可能是他那種旁若無人的權變手段致他於死地。的確，他太不平凡了，同時也太眼中無人了。但假使他還活在今日中國的話，我相信他必有一番非凡的貢獻。他是我所認識中日兩國人士中，才氣第一等的人。

（譯自「宮崎滔天全集」第二卷。其原文刊於一九一九年的上海日日新聞」。一九七七年九月二十八日，於東京）

（原載一九七七年十二月二十五日台北「青年戰士報」）

程家檉君

宮崎滔天

他是安徽人。他跟我認識，是在一九〇三年左右。他是我所要好的中國留學生當中，最老的一位。

他是官（公）費留學生，在東京農科大學讀書，中國革命主義把我們連結在一起，並使我們成爲有如弟兄的好朋友。

他雖然是公費留學生，但却毫無顧忌地在留學生之間宣傳革命，介紹不少同志，對於中國革命同盟會的創立，具有相當大的貢獻，這是當時的同志所共同承認的事實。

同盟會成立，得到農學士學位以後，他以創立同盟會的一分子身分到了北京，使同志們驚愕其大膽，但不久，奇怪的傳說便流傳於同志之間。卽：他變節成爲北京政府的走狗；更說他入肅親王府做顧問。

爾後，說他最近將來日本，於是同盟會出了非正式的「佈告」：對他不得談任何秘密，在表面上還是把他當做同志。當時，孫總理出差南洋，同盟會的機關雜誌「民報」的發行，因爲經費非常困難，幾乎不能維持，因此有一部份幹部計劃倒利用他，由北京政府撈出錢來。

他終於來了。他也來看我，並坦白地說些出入於肅親王府的事。他說：「肅親王送犬養先生和您揮毫」，他手交我一幅字，同時自我辯護地說「因爲不能生活，所以到親王府工作」，並讚揚肅親王的人物。

他說：「肅親王是滿洲人中傑出的人物，人格見識第一流的人。肅親王曾說：『如果這樣下去，中國非滅亡不可。挽救之策，在於使用新知識。新知識，唯有留學海外者纔有，但留學海外有新知識者如果都變成革命主義者的話，祇有舊式官吏去搞，若是，祇有亡國。怎樣解決這個問題，乃是當前首要的急務，我認爲，授與主倡革命的孫文君以王爵，將一切政事交給孫君，皇室位於其上，完全不干與政事是最有效的辦法』」。

說畢，他問我的意見。我說，從肅親王的立場來說，當然這是最理想，但皇帝及其親信會不會同意這樣做，孫先生及其他同志會不會接受這種意見，要實現這些，恐怕比實現革命還要難，所以我下結論說這是不可能實現的空論。對於我的看法，他並沒有表示反對，但似乎很失望。其所以如此，在我印象中，大概因爲得到肅親王的知遇，多少受到肅親王意見的影響，以爲改革比革命容易實現所導致。

除這樁事以外，當時的他，是否還有不可告人的一面，我不太清楚。不過從他喝酒大言壯語說「滿清政府既然利用我探察革命黨的內情，我也要反過來利用它的金錢來接濟民報社，爲革命盡力。」以及在實際上他曾爲革命運動提供過若干錢這個事實看來，他是否純粹滿清政府的奸細，還是爲金錢屈節，不得已敷衍一時，這是個非常不容易下判斷的問題。

從東京回到北京的他，經過一些時日後，又回到東京來，呆了一陣子之後，到京都去，在那裡租一棟房子，過着相當豪華的生活，但跟同志們的關係，却日趨疏遠，祗有宋教仁寄食於他家，似乎在跟他共同進行某種計謀。對這件事，除黃興君外，幾乎沒人知道，我因突然接到黃君的邀電到京都去，準備由京都聯袂到鹿兒島去參拜西鄉隆盛墓，由黃君談起纔知道，所以遂一道訪問程宅，也跟宋君面會，獲得程君清朝官費的盛宴。

由京都回到北京以後，他再也沒有機會重踏日本國土了。因此，他跟革命黨的關係，也就以在京都時爲最後。

爾後數年毫無消息的他，第一革命當時，竟由北京打電報給在上海的我。這是利用某人的暗號打來的秘密電報，它說，如果有十萬元的話，可以掌握○○○部的軍隊，請與某某君商量，急滙款來。我把這電文給他所指名的某某君看，此君笑着說：「不必回信」，因此我也就把它擺在一邊。

經過一、二個月以後，他忽然到我在上海的寓所來，並說因爲我沒給回信，所以他纔來訪問。我出於無奈，騙他說看不懂暗號。他要我跟他一起去照像，但我以有事拒絕他的要求。

此時他的服裝跟在京都頂盛時的服裝有天淵之別，甚至於比學生時代還要差。我猜想，這是北京政府眼看他跟革命黨完全斷絕關係（聯絡），已經沒有利用價値，因而不要他的結果。他這種潦倒的樣子，實在可憐和可悲，但我又想回來這是變節分子應走的道路，應有的制裁，所以我沒理他。

他說他要到南京去。幾天後，我也到了南京。在宋敎仁君宅，我又遇到他。我遂離開宋宅，數日後，他來我寓所說，他見了孫大總統，說明他在北京的計劃，需要運動費十萬元，孫大總統說沒錢。他說：「孫先生從沒有過錢。所以沒辦法。」隨即很快活地吃牛肉飯，喝幾杯酒，約在上海再見，當天就離開。

以後在上海見面時，衣服好多了，也比以前有精神。據他說，他現在有女朋友（女學生），因這位女朋友的好意，他買了些衣服，他說想介紹我跟他的女朋友見面，要我到他住的地方去，但我沒去。爾後他回北京，時代演變而爲袁世凱的帝政時代，他站在反對的一邊，結果被捕鎗斃。反對袁世凱是他一貫的主張。

大概因爲受困太多，對於偵探，我一向沒有好感，老實講，比什還要討厭呢！但對於程君，我却從沒眞正討厭過他。在上海和南京，我雖然極力避開他要我爲他所提出的問題盡力，但如果有錢，我眞的很想幫他，以緩他的窮境。

我不認爲他是奸邪的人。我倒覺得他是淡泊的人物。那麼這個人爲什麼變節向敵人屈腰呢？他喜歡喝酒，尤其喜歡女人。因此他花錢，需要錢，從而墮落下去。換句話說，他是爲女人而賣節的。

學生時代的時候，在偶然的機會他看上了一個女孩，想得不得寢食，因此請我給他作媒。我反對他此種意圖，並勸他忘記此事。可是他却開始流眼淚，並拿出女孩的照片說：「漸愧得很，我忘不了她。要忘她只有死。」最後他陪我到女孩家，說服了她的父母。

獲得女孩父母的同意後，他跟這女孩開始同居。但身爲學生的他，生活不易，不得已遂將這女孩托日本朋友家，在此日人監護下在某女中上學，但不知道是監護人出的主意，還是女孩本身厭惡，突然出奔，他由之一時幾乎發瘋。

經過相當長時期的煩悶後，不知道是眞的死了心，還是爲了轉變他悶悶之情，或者眞正意氣相投，他另得一女孩同居，他在同志間的信用，由此大減。他對於同盟會的成立，雖然有過很大的貢獻，但却並未得到同志們應有的支持，這是由於他熱心於女人比熱心於革命所導致。他之所以決心到北京，是爲了生活上的需要，亦即以開源爲其主要的目的。在另一方面，他未能爲同盟會所器重，因而不滿也是使他向北京政府靠攏的一個原因。一句話，女人令他往北京去。

當然不能一概而論，不過那個時候肯嫁給外國人的日本女人，都沒有正經的，大多不是厚臉皮的女流氓，就是妓女出身的，她們的目的（心目中），祇在於虛榮。因此娶這種女人爲妻者，要滿足其妻的唯一方法是，揮金如土，而金錢化光之日，也就是她們說再見之時。可悲的是，程君夫人或許也是這類人種，他們夫妻再度來日，過着榮華富貴的生活，不過是春宵一刻之夢，從京都回到北京之後不久，這個女人便與程君離婚，而在京都某日本飯館當女服務生。

以天下爲己任的人，爲女人而馬虎大事，因而被同志們瞧不起是理所當然的事。不過這是男人最大的弱點，程君在程度上比較過份而已，所以我認爲還是大有情有可原的餘地。尤其普通人都隱藏女性問題，但他却大膽公開，因此我覺得我們更應該原諒他。

總而言之，我不敢說他是百分之百的革命同志；但我却也不覺得他是賣友求榮，完全自私自利的奸物。因爲我祇聽過他暗中救過舊同志，沒聽說過他曾以奸計陷害過舊同志。計劃暗殺攝政王而被捕的汪兆銘和黃復生兩君，所以免於殺頭，據說是由於他對於肅親王的影響的結果。如果這是事實的話，他自不是伊斯卡理奧特（I. Iskariotes）的猶太，但仍然免不了薄志弱行之譏。我們如果把革命黨比譬於日本的赤穗義士（譯註），那麼他似乎就是喝自己喜歡的女人所陪的禁酒致使未能參加與同志們打進吉良公館的小山田庄左衛門。當我讀到他爲袁世凱皇帝鎗斃的電報時，我不由得流了淚。他是革命黨的落伍者，但他却始終是反對袁世凱的勇者。

（譯註）一七〇二年，爲君主報仇的一羣義士。本爲四十七人，其中小山田因喝酒過度不克參加，但史上仍稱「四十七士」。

（譯自「宮崎滔天全集」第二卷。原文刊於一九一九年「上海日日新聞」。一九七七年九月二十八日，於東京）

（原載一九七八年一月號台北「東方雜誌」）

山田良政君

宮崎滔天

山田良政君的大名，由於他是中國通的前輩，也以眞摯的志士早爲人們所推崇，我自己，在還沒跟他見面之前，就聞其大名，非常嚮往他。

一八九八年，我跟平山周、末永節等住在芝對陽館的時候，他突然來訪。我跟他祇見一面，覺得他確不愧爲眞摯的志士，而對他多了一分敬意。

他直截了當地問我對於中國革命的意見。我毫無保留地將我革命主義的大要告訴他，他便拍着膝蓋說：「太好了。我完全同意。」並問其實現方法。

不消說，革命不是議論，而是要實行的。不能實行的革命論是空論。我說現在我們還沒有具體方案，祇是亡命中的孫先生正在努力於聯絡首次起義後四散各處的同志而已。他聽我這樣坦白的說明，非常滿足，並互相吐露心聲，有如十年舊知之感覺，誓約來日共同奮鬥而別，這是我們的初逢，也是我們的永別。

爾後不久，他便到北京去，一八九九年，在某前輩援助下，我和平山周君與孫先生協議結果，爲了再度到廣東，由東京出發到上海，在上海等往香港輪船的時候，北京康有爲的變法自强運動日盛，同時反對其運動的勢力也相當之大，看樣子或許將出現意外的局面，因此我倆商量結果，決定平山君到北京，我去廣東。

這是平山君初次到北京，所以他唯一能靠的人是山田君。果然平山君抵達北京時，山田君已經與康派人士有來往，並直接間接地在庇護這班人。平山君則經由山田君，遂投身其中，迨至康有爲及其一夥失勢，其命運危急時，山田君、平山君和另外一個日人（忘其名），遂冒生命危險，不辭艱辛，全力營救，終於救出王照和梁啓超，令其亡命日本，並救出康有爲，使其亡命香港。

救出這些人之後，山田君仍然留在北京，觀望情勢之演變。一九〇〇年，孫先生在台灣親自指揮惠州義軍的活動，並等義軍攻到廈門附近時，準備由台灣來廈門直接指揮義軍。聞得此項消息後，山田君遂直往台灣，面會孫先生告以其願望，孫先生感於其志，托之以大任，於是山田君便逕往汕頭，深入內地，投身義軍。

爾後二十年，世局屢變，其志泰半達成，清朝倒台，成立民國，但一直沒有他的消息，生死不明。迨至民國二年，孫先生來日，纔正式發表他爲中國革命的犧牲者，並在谷中鐵舟寺建立石碑，邀請其父兄、親戚、朋友舉行追弔會，暗示山田君已不在人間，以慰戀戀於懷的父兄，親戚及其未亡人。但實際情況如何，仍是一個疑問。

一九一四年春季，其令弟純三郎君，以事到廣東，偶然遇到南君某將軍（忘掉其名）。此位將軍遂即變臉色，握著旗手流眼淚說：「你是不是山田良政君的弟兄？旣同姓，相貌也很像。」純三郎君問說：「你爲什麼認識我哥哥？」此位將軍揮淚這樣說：

「那時我屬於官軍。但我不殺令兄。我雖然沒殺令兄，但也可以說是我殺的。我不迴避這個責任。由於彼此之間有些諒解，所以我們沒有追擊義軍。但義軍開始撤退的時候，六個士兵向我們開槍。設法叫他們逃，但他們却仍然堅決地抵抗。於是我下令捕殺他們，被殺人們之中，有位帶金色鏡框眼鏡的人，他身上帶有很多錢。這個人一定是日本人。由於深怕給日本知道，所以把屍體跟其他的中國人埋在一起，把他的手槍和眼鏡丟在河裡，並命令嚴守秘密。這是懼怕日本提出交涉的緣故。我想，這個人就是令兄。」說畢，此位將軍仍流着眼淚。

純三郎君的感慨如何？昨日的敵人是今日的朋友，這雖然不是常有的事情，但由殺我兄的人之嘴聽得二十年來揮淚尋找的我兄的死所，尤其面對此人握其手哭着道歉說「請原諒」的時候，他也就祇有以淚相對。此時，純三郎君想卽時前往找乃兄屍體。但此位將軍勸他說：「現在仍在打仗，請稍候。我一定幫你找。」因此，純三郎君聽他勸告，寄以他日，遂往日本。

去（一九一八年）年夏天，純三郎君接獲時機已到的消息，再度前往廣東，由因緣不淺的那位將軍所指派的人員陪同，到達埋着乃兄遺體的惠州之地，親自用鋤頭掘其墳墓，惟經過時日太久，幾乎找不到遺骨，而就是找到幾塊，也不知道是誰的骨頭，因此祇帶些泥土回國，以頭山（滿），犬養（毅）兩君爲發起人，在東京舉行盛大的追悼會，爾後由純三郎君帶回故里（青森縣弘前市——譯者），正式舉行葬禮。此時，據說廖仲愷、朱執信兩君專程由中國來日參加此項大典。

爲自己大志奮鬥和犧牲，可以說是男子漢的所望。所以我相信山田君一定毫無怨言。何況其大志的泰半已經達成，中華民國業已誕生。但在其家鄉的他的父母、弟兄，尤其是結婚兩個月就分開、二十多年來一直掛念着夫君的生死不明而過活的未亡人的心情如何呢？虔誠的基督教徒的她，爲其夫君命運曾去算命多次，當我聽到人家這樣說時，我不由得眼淚直下。

山田君是位堂堂正正的大丈夫。他寡言嚴肅，百分之百言行一致的人。如果史堅如是天使的話，他應算是預言者。我一想到三合會的頭目鄭弼臣率此兩君成爲中國革命的先驅時，總會發現一種崇高之美。如此這般，他們三個人終於爲惠州起義而成仁了。又，山田良政君是爲中國革命而犧牲的第一位日本人。

（譯自「宮崎滔天全集」第二卷。原文刊於一九一九年「上海日日新聞」。中華民國六十六年十月二日，譯於東京中央圖書館）

（原載一九七七年十月十二日高雄「台灣新聞報」）

故山田良政君建碑式

——十月二十四日於仙台

宮崎滔天

上個月我準備往上海出發的前兩天，山田純三郎、菊池良一兩君突然到我家裡來說，由於中日兩國同志的厚意，故山田良政的石碑業已竣工，並預定於九月二十九日舉行建碑式，要我出席主持。這固然是我的義務，也是我的責任，惟我已經決定船期，並將要出發，所以告以不能參加。

他倆似很爲難。不過這也難怪。中日同志所建石碑雖已竣工，但却找不到能代表其同志的人士舉行儀式，當然非常爲難。於是我推薦寺尾亨博士，惟寺尾博士雖然也是革命同志，但却是新同志，加以他跟山田良政毫無關係，所以他倆希望找有關係的人。他倆這種說法也不是完全沒有道理。除我以外，還有頭山滿、犬養毅兩位前輩，但又不便勞煩這兩位老人家。說來談去，除我以外找不到其他適當的人，因此他倆商量結果，決定等我回國以後再來舉行。旣然如此，我祇有答應。我之所以匆匆由上海回國，這是其主要原因之一。

我於本（十）月三日，由上海回到東京。翌日，山田、菊池兩君來訪說，建碑式定於十五日舉行，中國同志的代表陳中孚君將來參加，因而要我一定出席。我欣然同意。兩君並說，山田君將一、二日內先回故鄉，菊池君將與我和陳君同行。我很高興得到旅途上的良伴。

數日後，菊池君來了一封信，說決定乘十三日下午十時的快車出發。我趕快把事辦完，於十三日晚上趕往上野車站，我竟早到四十分鐘，那時菊池君和陳君都還沒來。我遂到候車室抽烟，不久陳君來了。隨卽菊池君和一位革命婦人一起到。她名叫森福，是料亭的女主人，是位很幸福的美人

起初我以爲她是來爲菊池君送行的，但她却說她也要去，因此一路上非常熱鬧。

火車開了。我們閒談一陣子以後就上臥舖睡覺。第二天醒來時已經過了仙台到達南部領。十年前，我曾經經過此地，但陳君和森君却是第一次，所以拚命欣賞四周的風景，菊池君尤忙於向陳、森兩君說明。尤其我們經過右邊有出產南部馬的牧場時，大有大陸的風趣。

不特此，遠近諸由，青葉裏頭有紅葉，東京附近所見不到的美麗秋色，對於陳、森兩君

簡直是一幅油畫；根據菊池君的說法，過十天左右以後，樹葉將更紅，更好看。下午四時，火車抵達青森車站。在此得到弘前人士的迎接，遂換乘奧羽線，一個半小時後，到達弘前車站。更多的人來接我們，並把我們送到右場旅館。

消除疲倦，洗澡最有效。洗完了澡，覺得精神爽快，非常輕鬆，但却得出席歡迎會。雖然不大喜歡這種歡迎會，但又不得不參加。

我與陳君，由山田、菊池兩君陪同到了宴會場。參加者一百五十多人。宣佈開會後，山田君介紹陳君和我，並由我和陳君演說。山田君要我略述第一革命當時的情形，我同時說明妥協並非南方的本志，是出於不得已，日本的對華外交鑄成錯誤的第一步。繼之陳君以其流暢的日本話，說明其所以來弘前，感謝故山田良政君的義烈行動和爲中國革命犧牲，其次强調目前中國人之排日並非因爲英美的煽動，而是中國人自動自發的，因此以日本對華外交常誤機宜爲憾，並結論說如果這樣發展下去，中日兩國勢將亡國。

然後是酒宴。酒一喝，各說各的，陳君不必說，連我不懂得這些人在說什麼，有如身置異邦，既滑稽，又可笑。

我非常疲倦。在酒座，竟不能喝我喜歡的酒（因爲健康關係──譯者），因而不堪其座。我回顧陳君，陳君似乎也跟我一樣，所以我用眼睛暗示要退席，並遂站起來，可是山田、菊池兩君却緊跟着，硬要我們到另外一個地方去作陪。理由是，菊池君有所謂「六支鎗」的一班人，說這班人要到另一家酒樓去喝酒。他們說我倆不必喝酒，祇要去就行。我倆又不好意思拒絕，因此去了，但夜深寒冷。想走，又被拖住，無奈抱着棉袍看人家喝酒。因實在受不了，已遂告辭，時是上午一點多。

旅館的下女，以爲森福是我倆其中一個人的太太，所以在我們的房間舖了兩張床，並放一個女性用的枕頭。在另外一個房間舖一張床。我們遂笑着下女這種做法而上床。森福手拿枕頭邊說睏死了，到隔壁房間去。我倆上床後還抽烟，並開玩笑說這那裡是歡迎，簡直是一種虐待。如此這般，似睡非睡地入睡境的刹那的快感，可以說補今日的痛苦而有餘。

隔（十五）日是建碑式。早上九點起床，趕緊吃早餐，山田、菊池兩君來接我們！到達山田氏的菩提寺建碑式場時，其親戚朋友已經在那裡等着。遂在山門右倉大樹底下，用白布包着的碑之前舉行儀式。陳君和我代表發起人站在石碑左邊，山田君母親、未亡人親戚等站在右邊，來賓有志排於兩邊，與僧侶立於碑前的同時，山田令姪拉下白布，在自然石的石碑上，孫中山先生撰寫的碑文出現後，大家向它一鞠躬，僧侶開始鳴鼓鐘，鼓鐘停後讀經，讀經完了，由我代表發起人說話，陳君誦讀孫先生、唐紹儀君的祭文，繼而讀頭山、犬養等同志的弔電，弘前有志之士讀祭文，遺族親戚朋友等上香。儀式完後，山田家在寺正殿請與會者午餐，此時已經下午一點左右了。在儀式進行過程中，時晴時雨，有如天也在爲山田英靈弔唁。十七年前爲中國革命而生死不明的山田君，今日以此建碑式宣言其死所與義烈，我亦得以安慰。

來賓以弘前市市長爲首，坐得滿堂。山田君站起來先說話，然後介紹陳君和我。陳君用日語說明剛才用中國話讀過的孫先生、唐君祭文，我補充說明孫先生祭文含義，並詳說其前後情形和惠州起義失敗的來龍去脈。聽者大多不知其事，因此痛恨之情盆於眉宇之間。

宴會正盛之時，我與陳君退席，菊池君也一道回旅館。下午四時許，山田君趕來，由山田、菊池兩君陪同到大鰐的溫泉旅館，洗洗澡，住一宿。十六日晨回弘前，在菊池公館午餐。餐後一週公園，觀賞津輕富士山，回旅館不久，又去參加弘前青年團的歡迎會，我與陳君又做一場演說，然後回旅館。晚上九點坐火車，由山田、菊池兩君陪同，到青森淺蟲溫泉，此時已是半夜一點鐘左右。前述的所謂「六支鎗」當中，五個人跟我們同行。

名義上說是青森縣知事歡迎我們，但實際上是爲了歡迎他的老友森福。從白天他就帶着五個藝妓等着我們。看我們一到，主其事的某醫師便令森福去爲「大知事」陪酒，於是「五支鎗」的委員長遂到隔壁房間，破口大罵知事不懂禮貌，並說不要那麼神氣，他自己十五年前也做過官（幹過警員），在座者不禁大笑，因此森福遂皺着眉頭回到自己坐位。知事從此以後沒有露面，醫師與藝妓忙於服務，但陳君與我先「失禮」回旅館睡覺。

我本來予定坐十六號夜快車回東京的，惟因山田、菊池的厚意而延期一天，準備乘十七號下午一時青森開的火車，可是十七號早晨竟接到內人電報，要我直往宇都宮，因而又變更改乘晚上十一點的火車，所以承兩君厚意，由淺蟲到青森某酒樓去受他們的款待。

黃昏離開酒樓，到車站附近旅館一睡。此時「五支舖」先告辭，陳君早我二十分鐘搭奧羽線先走，我就乘十一時二十分東北本線，與山田、菊池告別，直往宇都宮。

如此這般，故山田良政君的建碑式告一段落，我似卸下十七年來的重擔。

（譯自「宮崎滔天全集」第四卷。原文刊於一九一九年十一月二、三、五日「上海日日新聞」。一九七七年十月八日，於東京）

附 國父的「山田良政建碑紀念辭」。

山田良政建碑紀念辭

孫中山

君兄弟俱嘗致力於中國革命事業，而君以庚子惠州之役死，後十年而滿洲政府覆。初余以乙未圖粵不成，走海外，既休養數歲，黨力復振，余乃使鄭士良率衆先入惠州。余偕日本軍官多人，擬由香港潛往內地，君實隨行。已而奸人告密，不得登陸，乃復往日本，轉渡台灣。時台灣總督兒玉氏，以義和團亂作，中國北方，陷於無政府狀態，則力贊余之計劃，且允爲後援。余遂令鄭士良發兵，士良率衆出攻新安深圳，敗清兵，盡獲其械，轉戰於龍岡、淡水、永湖、梁化、白芒、花三、多祝等處，所向皆捷。遂占領新安、大鵬，至惠州平海一帶沿海地。以待余與幹部人員之入，與武器之接濟。不圖惠州義師發動旬日，而日本政府更換，新內閣總理伊藤氏，對中國方針與前內閣異，則禁制台灣總督不得與中國革命黨通，又禁武器出口，及日本軍官投革命軍者。而余內渡之計畫，爲之破壞，遂遣君與同志數人，往鄭軍報告情形，飭其相機便宜行事。君間道至惠，已在起事後三十餘日矣，士良所部，連戰月餘，彈藥告盡，而率衆萬餘人，渴望幹部軍官及武器之至甚切。忽得君所報告消息，不得已，下令解散，間道出香港，隨者猶數百人，而君以失路爲清兵所捕，遂遇害。蓋外國義士，爲中國共和犧牲者以君爲首。論者皆曰：惠州之無功，非戰之罪。使日本政府仍守前內閣方針，則兒玉氏不至中變，卽不爲我援助，而武器出口及將校從軍者不禁爲制，則余內渡之計畫不破，資以利器，復多知兵者爲之指揮，方其時士氣方張，鼓行而前，天下事，寧復可量，而革命軍無此挫折，則君斷不至不幸而被戕，抑不待論。然君曾不以政府忻厭爲意，銜命冒險，雖死不辱，以殉其主義，斯眞難能可貴者。民國成立七年，君弟純三郎始以君骨歸葬。今復爲君泐石以示後人。君生平行誼，君之親族交遊能述之，無俟余言，余重惜君，故獨擧君死事本末，表而出之，更爲祝曰：

願斯人爲中國人民自由平等奮鬥之精神，尙有嗣於東國。中華民國八年九月，孫文。

山田良政

平山周

山田良政是日本青森縣弘前人。父名浩藏，代代爲津輕的藩士。出生於明治元年（西曆一八六八年）一月一日。從水產講習所畢業後，進入北海道海帶公司，爾後被派到該公司上海分公司服務。一八九四年，中日戰爭發生，他在陸軍任翻譯，隨軍至遼東。戰後隨日本北京公使館武官海軍上校瀧川具和到北京。

一八九七年九月，孫中山先生由倫敦抵達橫濱，平山周與宮崎寅藏前往迎接孫先生到東京。次年，平山周到北京，得與山田相識，二人互論東亞形勢，並約日後携手共事。

一八九八年戊戌政變發生，康有爲出走天津，爲英輪所救，而逃至香港。其黨羽譚嗣同、王照等曾恃市井之俠人武爺，謀於八月二十四日夜潛入皇宮救出光緒帝亡命上海，要平山、山田二人助以一臂。平山、山田亦曾答應，並研究地理，準備馬車待機。不料，當日譚嗣同在劉陽館被捕，王照隻身逃脫。窮鳥入懷，束手無策。平山與山田挾王照至天津，雇小舟下白河，逃避於日本大島號警備艦。

是年，德國佔領膠州灣，山田入其地探實情，更到旅順去偵查俄國的經營情形。事爲俄國人所覺，當山田再度踊足旅順時，卽爲俄國人所捕。因山田頓時想出妙計，始脫虎口。

一九〇〇年，孫先生擬發起惠州革命，並囑長江一帶的同志響應。孫先生與平山同至上海，時山田正擬赴南京同文書院教授兼幹事，亦途經上海，遂與邂逅於客舍。及唐才常起事失敗，容閎、容星橋等亡命。長江一帶，戒備森嚴，不可多留；孫先生遂到台灣。日本同志宮崎等在東京主張中止進行，平山與山田商議此後之計，山田說，大丈夫謀事不可中途而廢，應該幹到底，遂慨然去職赴福建漳州。平山到香港，乃與山田約定在台灣相晤。

是年九月，平山到達台灣，山田亦至，孫先生稍後到。此時嘉應人陳南至，謂海豐、陸豐的同志們在準備起義。於是孫先生遂令山田與陳南同行，並予山田以擧兵的全權。

十月八日，山田等從台灣出發，經香港至海豐。因情況不對，停止發動，轉而投入惠州革命軍。時革命軍據於三州田山寨，清軍一隊屯於沙灣，另一部扼橫岡。革命軍偵知之，爲制先機、挫敵鋒，乘夜襲沙灣而敗之。於是四方來應者日多，佔有佛子坳至橫岡一帶。

此時鄭士良由香港趕到，轉達孫先生的電令，說要一軍開赴厦門，到達彼地後自有接濟之途。因此軍隊遂折回，經三多祝、梅林而至白沙。此刻忽接孫先生電令，說台灣事情有變，外援難期，軍中之事悉由鄭士良自行決定行止，衆人爲之意氣沮喪。鄭士良要大家再回三州田之山寨，擬合新安、虎門之同志，一口氣攻下廣東省城。諸領袖皆同意，遂選持槍者千餘人，其餘之同志則解散。十月二十二日，分海陸兩路，幾抵大鵬，不幸爲敵所識，擊之於三多祝，革命軍由是瓦解，山田亦戰死於此地。時年三十有三。

山田原有娶藤田氏千金敏子之約，山田去世後，人勸藤田千金嫁人，但藤田千金守節如故。山田胞弟純三郎繼乃兄遺志，盡瘁於中日兩國之聯携，今日尚在上海經營日語學校。

一九一八年，孫先生派朱執信前往惠州尋覓山田之遺骨，寒煙荒草，未竟其志，祗得一塊黃土而歸。純三郎赴廣東得分其土，歸日後將其葬之於祖先之墓側。一九二〇年，建碑於菩提寺，而在舉行建碑式時，孫先生特派陳中孚前往參加。其碑文曰：「山田良政君，弘前人也。庚子閏八月，革命軍起惠州，君挺身赴義，遂戰死。嗚呼！其人道之犧牲，亞洲之先覺，身雖殞滅，而其志不朽。民國八年九月二十九日，孫文謹撰並書」

（昭和十三年一月二十三日，友人平山周稿）

——譯自萱野長知著「中華民國革命秘笈」一書

（原載一九七一年四月號台北「新知雜誌」）

孫中山先生與我

秋山定輔

不必說日本的政治經濟、軍事外交，即使日常問題，也都和中國息息相關。對於日本的國民生活，中國的影響太大了。我認爲，今日這個時代，中國是日本的中國，同時也是世界的中國。世界的原動力，可以說是中國。

有人談到中國問題的時候，偶爾會提出我的名字。有的人說我中國通，更有人譽我的中國通的大前輩；但這些都是過份誇獎之詞。說實在話，對於中國，我完全是個外行人。

今日說來尙且如此，何況三十年前或四十年前，我更不懂得中國。有的人以爲我也是所謂「中國浪人」，留着長頭髮，在中國大陸幌來幌去，但我自己從沒有這種興趣（對中國的興趣）。譬如對於四書五經，我並沒有把它當做中國的學問來學，而把它當做日本的學問來學習。

可是，這個不懂得中國和對中國不感興趣的我，終於跟中國發生關係了，這純粹是由於做爲一個日本人的心情，而不是有什麼高深的理論。換句話說，是出自同情心，同情人家艱難的惻隱之心。而爲我所同情者，就是　孫中山先生。

一八九九年前後的時候，在日本曾經發生了所謂布引丸事件，轟動當日社會於一時。這個事件的發生，其經過大致是這樣的。中國革命之父　孫中山先生，以援助非律賓的獨立爲目的，計劃將在日本購得的彈藥和武器運到非律賓。就　孫先生的理想來說，援助非律賓的獨立，也是中國革命事業的一部份。

孫先生携帶着在廣東零星籌集的革命資金數萬元來到日本，並將購買武器的事，拜托犬養毅君，而犬養則委託他的同志中村彌六辦理。

中村是長野縣選出的國會議員，政界的名士，尤以清廉馳名於世。他欣然接受了犬養的委託，並與大倉喜八郎商量，而從大倉商事公司買了陸軍賣給該公司的槍彈。

孫先生將這幾千支的步槍，和子彈令布引丸（Nunobikimaru）運到非律賓。可是，布引丸在台灣附近竟因不太大的颱風而深沉大海了。

從表面看，這好像是天災，但其實裡頭却另有文章：則中村向大倉所買的槍，都是廢物。但這不是大倉的欺詐；大倉本來就是以廢槍賣給中村的。問題是，中村騙孫先生說這些都是很好的槍彈，而侵吞了數萬元。

至此，人們更發現了新的事實 ，就是中村爲了隱藏他的不正行爲而故意選用了船主不作保的。亦即在路上會沉沒的船。萬朝報最早報導這個內幕，當然一怪事件引起軒然大波。

中村的所作所爲，實在惡德無類。何況這不是普通商品，而是爲外國志士所委託的武器。中村係以國士自居的人。他既答應承辦此一大事，自應一心一意去做，可是他却居中貪大利，且強賣之以廢槍廢彈，眞是可惡至極。不特此，他更租用廢船，其惡毒、不人道，實難以筆墨來形容。

此時，犬養非常爲難。他遂責問中村，但中村却厚臉皮地百般自我辯護，不肯認罪。犬養也追究大倉喜八郎的責任。可是大倉却答說：「我事先就對中村明言這些都是廢槍，並且都是以廢槍的價錢給他的，所以我並沒有什麼過錯。」對此犬養駁道：「我托你賣給中村步槍，並沒有要你賣他廢槍。」

總而言之，日本的政治家賣廢槍以侵吞外國的革命資金，對世界，對日本，無論如何都是極其不名譽的事。犬養遂不得不向　孫先生深致歉意，但　孫先生却說：「沒關係，中國也有壞人」。

此時，中村雖然沒有成爲法律上的罪人，惟因不堪社會的非難，而終於辭去一切公職。從此以後，他遂爲社會所唾棄。

若是，以國會議員之尊，爲何中村竟敢做出這種犯滔天之大罪的事呢？有人說，這是因爲他患着肺疾，醫生告他已沒有多長生命，加以他非常窮困；亦卽陷於窮困與肺疾之絕境的他，　孫先生的鉅款到他手時，遂產生了不正的念頭。可是這是被醫生宣告祇剩兩三年生命的中村，大概因爲有了錢養病，因此他竟活到一九二〇年代。

我在報紙上看到這些報導，非常憤慨。我跟孫先生毫不認識，不過我覺得，當一個年青的中國人，爲着他祖國的前途，集零星的金錢來日本購買武器的時候，被托者應該專力去爲他辦好這件事纔對。可是事實並非如此。

正當我爲着此事同情　孫先生，大爲憤慨之際，中西正樹和宮崎滔天來看我，並詳細說明此事件之經過，最後要求我與　孫先生見面。

這是我跟　孫先生初逢的來龍去脈。從此以後，我倆的感情，急速地進展，幾乎每天碰面，不但吃飯在一起，行動在一起，而且終於在我神田錦鄉我的家生活在一起。

不過說實在話，當日的　孫先生，決非今日的人所想像的　孫先生。當時，我敢斷言，沒人能够料到他竟會成爲世界的革命家，更遑論中山陵的神？那時　孫先生給人家的一般印象是：纖細瘦瘦的白面書生，一點也沒有英雄氣概，但却是個洋氣十足的人。他所倡導的中國革命的理論，當時的日本人都不甚明白；而聽者也多半信半疑，幾乎沒人眞正相信。

對於中國的國情和革命理論，姑暫不談，人們對　孫先生個人的評價，似乎不是很高。

「嘴說革命革命，但這個細瘦的年青人能做什麼呢？」這是普通日本人對　孫先生的看法。的確，身體不健康的人，是不能做大事。

由於同情，我雖然跟　孫先生無條件地做了朋友，但開始時還是有些不安。過去，我曾經被許多日本人、一些洋人和中國人騙過，所以知道這個事實的朋友們都勸我說：「不要相信那個人，否則定會吃虧。」但我不能丟棄這個以道義相結合的隣邦朋友，於是我遂想來試試　孫先生的體力。

跟孫先生有時候在我家裡吃飯，有時候到築地去吃飯。到築地去時，我們都是從神田錦町，經過丸之內，走到築地本願寺附近。那時，御琴（音譯）剛從日本橋把新喜樂餐館移到這裡不久。從錦町到築地相當遠（走路恐怕要五十分鐘左右——譯者）。我對走路是非常有自信的。就是慢慢走也相當快。

可是，　孫先生却也走得很快。我倆用英語，邊走邊談。　孫先生的英語說得好極了。我的英語還算馬馬虎虎，因此我倆的交談自由自在。我對　孫先生很會走路覺得意外，因而

問　孫先生說：「你走得蠻快，我以爲你跟不上我呢。」對此　孫先生笑着答說：「我的兩條腿很行，因爲我做過苦工。」難怪他那麼會走路。

當時，我迷於摔跤。我家院子設了一個名叫「錦部屋」的摔跤場。我的許多朋友都參加摔跤，而孫先生竟終於也跟我們摔起跤來了。

如前面所說，我跟　孫先生成爲朋友，完全源於同情，可是我倆的友情却與日俱深，他向我說他的私事、抱負和革命的道理。他的一言一句，打動了我的心弦。我倆的意見，可以說完全一致。我說：

我們從小學畢業後就學英文。那是所謂西洋文化萬能的時代。我們先學日本的歷史、道德、後學西洋的歷史和哲理。老師教我們說，張三倡適者生存，弱肉强食學說，這是進化的原理（西洋國家的哲理）。

的確，今日是我們「吃、否則被吃」的世界。國家間如此，個人之間也有此傾向。但我們不能安於這種情形。不管現實如何，我們有我們的理想，我們的抱負。

不吃對方，也不被對方吃掉——這是人類的理想。人有做人的最基本而重要的鐵則，那就是禮、仁、信、勇。我認爲，我們不應該侵犯別人，也不應該被別人侵犯。爲別人所侵犯，是侮辱自己，玷辱家名，玷辱祖先。不該吃別人，也不應爲別人吃掉，這是東方的道德、哲理、與和平。

上述這種西方的國家哲理亦即弱肉強食的哲理，有很多矛盾。它違反神意，違反佛心。不吃對方，也不爲對方所吃，這是人類同樂共存的道理。男女戀愛，然後有家庭生活，這是人的一生。強者不一定要吃弱者，超越強弱、大小，數量總是愛的眞理，一切的道德。

乘別人之弱而予以宰割，決非好漢。互通有無纔有和平與幸福可言。我覺得西方人似乎忘記了這個重要的建國哲理。我們不必學起初受無敵的西班牙人之威脅的英國人（John Bull），後來竟取代西班牙人的地位，橫行埃及、印度和東方，破壞其幾千來的和平，吃其肉的野蠻行爲。

打倒清朝，從事革命都行，但中國有中國自己的哲理和道德。這不是弱者強者的屠殺，而是仁義。革命就是仁義。既然要做大事，自應以宣揚這個眞理於世界爲目的，而來從事中國革命。

以上是我對於　孫先生所說的大意。但老實說，這些話之中，究竟那一部份是我的意見，那一段是　孫先生的見解，實在很難分得出來；是即我倆的看法竟這樣完全一致。

意見既然一致了，自應該馬上採取行動。我們彼此認爲，　孫先生是我在中國的代理人，我是　孫先生在日本的代理人。互爲支援，不必客套。於是我遂不遺餘力地頻向日本要人遊說我倆的主張。

採取行動，必須有錢。可是我自己不但沒錢，而且負債很多。我一向在金錢方面毫無辦法；但我竟答應在金錢上爲　孫先生想辦法。用理想、道理來鼓勵　孫先生的人多的是；以一命獻身中國革命的日本人也不少，但　孫先生所最缺乏的還是金錢，革命資金。一談到錢的問題，任何雄辯家都啞口無言。因此不得不由我承擔下來。

「反正我已經有許多負債，而人家又把我當做負債的化身，所以我乾脆多借一點」。我決心這樣做。

而隨我倆友情的進展，我對　孫先生偉大的天才，革命的理論，堅强的意志，熱情和信義有所瞭解，並終於確信　孫先生的中國革命一定能夠獲得成功。

我以此確信向許多我的前輩和有力人士遊說，但幾乎沒人願意聽我的話。不過這也難怪，因爲清朝宗室，雖然老衰了，但仍嚴然存在，似非一個白面書生所能打倒。我這樣高估孫先生，但人家不一定這樣評價他。我每次失望，甚至悲觀。但重要的，人還是要有緣份，對於沒有緣份的人，講什麼也沒有用的。

現在我想介紹一、二件比較有趣的事。

孫先生決定要舉事了，此時最需要的當然是武器。找武器祇有找政府，因爲武器爲政府所獨佔，因此唯有求得國家要人的諒解纔能買到武器。

不消說，當時的日本第一要人是伊藤博文。我雖然不敢相信伊藤會同意，不過我總覺得應該盡我的一切力量試試看，這是爲了日本和人類。聽完了我的話之後，很意外地，伊藤竟笑着向我說：「好，道理上是這樣。但會成功嗎？」

我斷釘截鐵地答說：「一定能成功。」我在心裡想：革命已經成功了，最低限度，已經成功七、八成了。我高興的流了眼淚。

記得這是一九〇五年到一九〇六年的事情；此時我與　孫先生做朋友似乎已有五、六年了。　孫先生回廣東去準備舉義，需要由日本支援武器。但從日本不能直接往廣東輸送，而祇有往廈門搬運。並且，要運到廈門，也唯有先由台灣運至澎湖，然後再用帆船，秘密地轉運到廈門。這是　孫先生的吩咐。

當時的台灣總督是兒玉源太郎，民政長官爲後藤新平。我跟後藤是老朋友，那時我認爲後藤是對事情最有理解的政府官員。我以爲國家元老伊藤博文已經諒解了，後藤自會同意我們從澎湖運武器。可是後藤却一點也不理。他說：

「對於研究中國，我相信我也不後於人，何況我現任台灣民政長官。兒玉將軍也是。清朝，從表面看，好像很脆弱，一推就倒，但它是推不倒的。因此不管　孫中山如何偉大，是搞不成革命的，除非五、六個道台響應了他。所以不許從澎湖輸送武器。你那麼尊敬　孫中山，　孫中山一定是相當的人物。而就是我跟　孫中山見面，也祇能聽聽我的意見，什麼也不能做。開口閉口說要援助中國革命，我想你的腦筋有問題。」

由於必須求得後藤的諒解，所以我一再地去找他，但他卻始終堅持上述的意見。不過以後藤之聰明才智，仍不能事先判斷中國革命會成功，實在也難怪他。

自此，經過七、八年以後，中國革命成功，　孫先生乘坐山城丸在世界環視中訪問日本，並與桂太郎會見三次。當時後藤是大臣（遞信大臣——譯者），他曾大請　孫先生的客。可是在這次盛大宴會中，大概因爲以前的事還纏繞在他的腦海裡，因此他卻沒有請我作陪。因覺得非常可笑，所以宴會後初次看到後藤，我便問他說：「據說你大請了　孫中山先生的客。」他祇答說：「嗯」，因此我遂說：「可惜，沒有機會作陪。」後藤很尷尬地祇支支吾吾。我問：「找了誰作陪？」他答說：「朝日奈知泉。」

其次是關於加藤高明的事情。一九一一年當時加藤是日本駐英大使。當我到倫敦的時候，他特別設晚宴請了我。在此席上，我委婉地對他告訴了　孫先生的事。可是後藤卻說：「他是乞丐」。那時，　孫先生在外國，可能請許多朋友設法旅費，但我相信　孫先生絕不會找加藤幫忙的，但加藤卻把　孫先生與乞丐等視齊觀，其短見豈不可笑。

（譯自村松梢風著「秋山定輔は語る」一書）

（原載一九七六年十一月十二、十三、十四日「台灣民聲日報」）

孫逸仙在長江一帶聲望

水野梅曉

迄今我還沒見過孫逸仙這個人。但我在華中住過十幾年，所以對於這一帶的情況和孫逸仙在這一帶的聲望，我相信比其他的人清楚。尤其自三年前到去年，我在湖南、湖北、江西三省的旅行，說是爲了瞭解和研究這三省的革命狂潮和孫逸仙的聲望亦不爲過。

首先我到了江西省的萍鄉和袁州。我到一所學校時，學生們圍着我並問說：「你是不是日本人？」我說：「是」。他們問我「孫逸仙近況如何？」我故意裝傻說：「他是誰？你們爲什麼要問他的事？」他們說．「他是將拯救漢人的大人物。捨他，沒人能拯救我們漢人。」我更冷靜地說：「到現在，他並沒做什麼。我想他是不會成功的。砍他的頭有許多奬金可以領，爲什麼不砍他的頭來領奬金呢？」這一下，他們更熱心地說：「就是給我們一千萬兩的獎金，我們也絕不砍他的頭。他纔是打倒清朝，拯救我們漢民族的大人物。」

其次我訪問了軍中，我到達正在招募士兵的地方。湊巧有位畢業日本陸軍士官學校的軍官，於是我便問他說：「成績怎麽樣？」他說：「非常好。長江一帶，民族主義思想風起雲湧。他們都崇仰孫逸仙，並願在他手下爲達成漢民族的獨立而奮鬥。」他們唱軍歌，實行演習。他們所唱的軍歌，在鼓吹革命風潮和民族主義，則遠比革命黨宣言書有效，是卽在唱軍歌的過程中，他們將自然而然地養成倒滿興漢的志氣。

得知孫逸仙在江西省學界和軍界的聲望以後，我到湖北省宜昌、沙市、襄陽旅行時，我便問政界特別是正在熱中於地方自治的少壯政治家對於孫逸仙的評價。他們問我說：「水野先生，這種局面會再有多久？」我說：「我也不知道」，因此他們便說：「這祇是時間的問題，大槪不過超過三年吧，在今日的北京政權裡頭，沒有一個能够擔當這個局面的人物。」此時我故意說：「不是有腦筋很清楚的梁啓超嗎？」於是他們便驚訝地問說：「你是不是康派？康有爲一派是賣國奴，所以對於日本或許是求之不得的一羣。不過眞正能救清國，爲漢人謀幸福的，說實在話祇有孫逸仙其人。」湖北的政界，把孫逸仙幾乎當做神來尊敬。

孫逸仙在湖南聲望之高，以及革命風潮在此地之盛，實在驚人。在一個車站的小旅館，我曾經跟學生聊革命的事。我們並對傍邊聽我們聊天的勞動者們問說：「你懂得我們在談什麼？」他說：「當然懂。」我問他們覺得怎麼樣？他們說：「希望革命成功，這樣我們就不必要這個了。」而舉手拉着頭上的辮子。

孫逸仙是不是大人物，我不知道。但我旅行長江一帶，發現學界、軍界、政界，而至於販夫走卒，都具有革命思想，尊敬孫逸仙如神如救星是事實。由於我不認識孫逸仙，所以我不敢論其人物，但我相信，孫逸仙這種聲望、受尊敬，絕非來自策略，而當是孫逸仙的天爵和天位。

（譯自一九一一年十一月號日本「中央公論」）

一九七七年九月十六日　於東京

深沉大度的人物孫逸仙

小川平吉

孫逸仙的個子並不高，我祗有五尺二寸，孫逸仙跟我差不多。他很上像。初逢交談時，並不會令人覺得他有什麼了不起。所以，有些人往往會有他是個平凡人的感覺，但我却覺得他是位偉大的人物。

幾年來，不管遇到何種困難和迫害，九死一生，他都不屈不撓，不變初衷。不特此，他更是處難有道呢！否則，他老早就不在人間了。

自來，人不可貌相。漢朝的張子房，其相貌據說猶如婦女，但其雄才大略却使秦始皇不寒而慄。有人所以說孫逸仙沒什麼，可以說完全爲其相貌風采所誤。

滿清懸賞通緝他，但他却東奔西走，糾合同志，而終於達成其推翻滿清，建立民國的目的，這不能不說不是他的偉大之處。據我個人的見解，日本沒有像孫逸仙這樣偉大的人物。中國革命的當否姑暫不談，但我却始終認爲孫逸仙是個偉人，是個莫測高深的人。如果要使用成語來評估他的說，我要說他是深沉大度的人物。

（譯自一九一一年十一月號日本「中央公論」）

辛亥革命與孫中山先生的中日聯盟

山田純三郎

在家兄住處認識孫先生

一八九八年，光緒帝的新政因爲袁世凱的背信而失敗不久，家兄山田良政救出康有爲和王照使其亡命於日本。

當時，家兄在東京神田三崎町租了一所房屋給從我們故鄉青森縣弘前出來的五、六個青年、表兄弟和我居住。有一天，家兄忽然對我們說：「明天下午兩點，有位中國的大人物要來，所以那時不要悲憤慷慨，興奮過度。」

那個時候對於中國人，記得中日戰爭的畫報，都把它們寫成沒有朝氣，只知逃跑的人。

可是那一天，我用手指沾上唾沫把紙門弄個小洞盜看到的中國人却使我大爲驚奇。他的前額和後頭都突得很厲害，嘴巴閉得緊緊地。看來確是個非凡的人物。他跟畫報上的中國人完全是兩樣。雖然我不知道他究竟是誰，但他却給我非常深刻的印象。

翌年，爲了在南京同文書院讀書，我到了南京，那時家兄任該書院教授並兼任幹事。不久，山東方面發生了義和拳之亂，且逐漸波及南京，這時家兄遡仍往還於上海與南京之間。那年夏天，家兄把我帶到上海市場傍邊叫旭館的他們居所，正式給我介紹孫中山先生，而這個人，就是前一年我在東京神田從紙門洞所盜看的那位中國的大人物。

爾後，據說孫先生跟平山周一起到台灣，隨卽家兄也到台灣去跟孫先生等策劃革命。當時的台灣總督是兒玉源太郎，民政長官爲後藤新平。孫先生等將擬進攻惠州以便北上的計劃告訴兒玉和後藤，並請他們援助。兒玉以爲，要從惠州北上，最好經過廈門，而在香港與汕頭之間的海豐和陸豐我將援以武器。孫先生進而要求借用軍費，對此，據說後藤曾經這樣說：「孫先生，貸款是先借幾百萬元，幾年後將加利息償還的一種契約。孫先生正在進行的革命能不能還不知道，所以這種款我們是不能貸的。兒玉將軍不是說到了海豐和陸豐將給你們武器嗎？拿到了武器之後，到廈門去。廈門有台灣銀行的分行，我記得該分行的地下室有二、三百萬元的銀幣。既然在幹革命，把這些錢搶走好了。」

後藤是這樣一個不同凡響的人物。如此這般，家兄便到香港去跟鄭士良一起舉兵進攻惠州。而在日本以將在學校運動會使用的名義造的青天白日旗，遂飄揚於中國大陸的一角。可惜革命失敗，家兄被捕而死於榆州城外的三多祝。

孫先生就任臨時大總統

一九一一年，武昌起義，亦即辛亥革命成功的時候，大家邀請在美國的孫先生趕快回國。孫先生很想經由較近的日本回來，於是透過犬養毅請日本政府（當時的首相是西園寺公一，外務大臣是內田康哉）默許這件事，但他們都絕不肯。無奈，遂繞歐洲，於是年十二月二十日左右抵達香港。那時，我和宮崎滔天由上海到香港去接他。孫先生一見我就問說：

「山田先生，你現在在做什麼事？」

「在上海三井特產公司弄張桌子推銷滿鐵的撫順炭。」

「是嗎？我現在需要錢，你能不能替我想想辦法？」

「要多少錢？」

「越多越好。」

起初我以爲他要的是些零用錢，而再問他，他却說：「一千萬也可以兩千萬也行。」

「孫先生，我是個三井的推銷炭的學徒。那裏能够借來這樣多的錢。」

孫先生說：「我們還在船裏頭。你連試都還沒去試，怎麽就說不可能？你如果這樣想的話，任何事情都將做不成，何況我們正在革命呢！上岸以後請馬上去跟三井的經理商量商量。幹革命工作，任何事都不能有所躊躇。」

這是孫先生給我的第一次教訓。

十二月二十五日，在上海上岸後，我便去看三井分公司經理藤瀨政次郎先生。我轉告了他孫先生的話，可是他却說：「是嗎？我也聽人家說孫先生是個了不起的人物，不過要把錢借給不相識的人是很難辦到的。」於是我遂帶他去看孫先生。最後他說：「我可以作主的錢祇有五十萬元。五十萬元以上非得總公司的允許不可，所以請等一個禮拜左右」。

一九一二年元旦，孫先生到南京就任臨時大總統職時，滔天、末永節和我，都跟中國的同志們同車一道到南京去。末永是個怪人，他帶了許多紙做的日本國旗，發給大家，而大喊「孫先生萬歲！孫先生萬歲！」

就職典禮完了之後，正想跟滔天等去喝酒的時候，孫先生却對我說：「請你坐夜快車到上海去聽三井分公司經理的消息，已經一個星期了」。

「孫先生，您雖然這樣說，但商人的話是不會那麼正確的。」

「山田，你又在說這種話。不管它總公司有沒有回電來，這是我們的約定。」

孫先生那聰慧的臉，在靜中亦有其威嚴。我遂不得不跟同志們分手而單身前往上海。結果，三井方面說，願意以漢冶萍鐵鑛所得先付款給五百萬元。

這張契約書需要孫先生和陸軍總長黃興的圖章，於是由我到黃先生那裏去蓋章，這時剛好日本郵船公司上海分公司經理伊東米治郎也在場，他說他需要孫先生的圖章要我帶路。日本郵船公司方面說，願以招商局的全部財產做抵押，他們願意貸款一千萬元。並說，這筆款子將由安田銀行負責。可是，由於遭遇到當時日本財界頭目井上馨的反對，這件事遂成泡影。但要打倒袁世凱需要錢，更需要武器。

孫先生與桂太郎

孫先生以為辛亥革命之所以有今日的成就，日本志士的出力很大，為酬謝日本的這些朋友，我們大約十人便跟隨孫先生於一九一三年春天訪問了日本。此行我們受到了極大的歡迎。而後藤新平所主持的歡迎會，則在位於目前的帝國大飯店隔壁的華族會館舉行的。宴席散後，我們到了吸菸室。因為，吸菸室裏祇有孫先生、戴季陶、桂太郎和我四個人。此時，桂說：

「孫先生您知道日本的人口一年要增加多少嗎？」

「……二十萬到三十萬左右吧。」

「對，那麼您說十年、五十年以後將會怎麼樣？」

當聽到這裏的時候孫先生伸出手緊緊握着桂的手說：

「日本的前途在東北，用日本的力量來開發東北，使其成為一個樂園（Paradise），並以她來抗拒帝俄的南侵。但她主權永屬於中國。她戴的是中國的帽子，祇要日本的國情許可，中日兩國該廢除國界，共同奮鬥。」

桂感激得幾乎要流淚說：

「謝謝您，不日我將獲得政權。那時我決定實行它。」根據我的瞭解，孫先生有這想法，即想請日本幫助中國的統一，中國則尊重日本在東北的權益。

對於東北，雖有上述的來龍去脈，但有着中日、日俄戰爭曾在彼地流過血之權益思想的日本軍部，終於一九三〇年發動了東北事變。九一八事變發生當時，孫科、許崇智、汪精衛等在廣東組織反南京政權，由於我也是其中的一份子，所以我知道得很詳細。

廣東政府的同志，對於東北，大多有欲跟日本好好商量的想法。他們以爲，他們年齡都已經相當大了，如不借此機會實行孫先生的中日聯盟，恐怕不可能再有機會了。於是派遣外交部長陳友仁到日本去交涉。交涉的重點是，請日本不要侵犯東北的主權；我們將派懂得東北實情的唐紹儀到東北，並讓日本經營。可是，當時的日本外相幣原（喜重郎）懼怕軍部而沒理陳友仁，無奈，陳遂回國。後來，爲了共赴國難，南京政府與廣東政府妥協，而蔣先生也知道孫先生與日本對於東北的經緯，因此也曾經努力於跟日本的妥協，但未爲日本軍部所接受。

此行在東京時，孫先生曾經從我的故鄉弘前（在青森縣）縣請我雙親和嫂嫂到帝國大飯店來，而對之說：「對於良政先生成爲爲辛亥革命犧牲的第一位外國人這件事，我願代表中國全體的人民表示謝意。」同時，贈家父浩藏以「若吾父　孫文」的牌匾。家父一直認爲家兄是白死的，但經過此事以後，似不再這樣想了。惟可憐的是我嫂嫂，她跟家兄祗一起住過幾天。

這時，我們突然接到宋教仁在上海被袁世凱的刺客暗殺的消息。於是，我們匆匆忙忙地趕回上海。同年七月，李烈鈞在江西九江，陳英士在上海，以及憤怒的革命黨同志分別在各地起兵倒袁，但皆歸於失敗，孫先生又不得不亡命日本。此時孫先生受了頭山滿先生的一手照顧。

因租借隔壁貝島的房子，所以非經過頭山家的門不能去見孫先生。當時，桂常常遣其女婿長島隆三來看孫先生。我問孫先生長島來幹什麽，孫先生說他來轉告：

「跟我的約束，要等桂組織內閣纔能實現。桂恢復健康，取得政權後，他一定會解決東北問題的。因此要我在日本好好玩一下。」惟可惜，桂太郎未實現這項諾言以前，就病逝了。孫先生非常痛惜桂的去世，他說：「除非在日本出現第二個桂，中日關係難有坦途。」

中華革命黨的誕生

一九一四年，我得到東北本溪湖的馬賊將攻擊瀋陽以打倒張作霖的消息，於是遂跟陳英士和戴季陶到大連請滿鐵理事犬塚信太郎介紹以滿鐵醫院做爲根據地策劃一切，但未成功；隔年，黑龍江方面的軍閥跟國民黨聯絡，說他們要打倒張作霖，因此要國民黨派人跟他們聯絡，所以蔣中正、丁仁傑和我便到東北去。那時蔣先生以石岡的名字下榻於長春的名古屋大飯店（亦即戰後當時的第一大飯店）以便跟內地聯絡，而我則到哈爾濱和察哈爾去跟他們聯絡，但也沒有成功。

不過由於這種關係，第三革命的準備也就逐漸就緒，可是革命需要錢。這時，犬塚氏却將他從滿鐵退休所得的整個退休金，加上向貝島太市、相生由太郎、田中隆等所借的錢三十萬元交給孫先生。孫先生寫了收據給他，但他却無心中將它撕破並放進火爐把它燒掉。不久，久原房之助氏也捐出一百萬元。久原是個很有度量的人，他無條件地捐出這樣多的錢而毫不介意，以促使久原願意捐出這一大筆金錢，犬塚、秋山眞之和小池張造，尤是是犬塚的貢獻最大。

如此這般，於日本在野人士的援助之下，孫先生於一九一四年七月，在東京組織了中華革命黨，當正在準備發動第三革命之際，八月二十三日，日本竟向在歐洲拼死命的德國宣戰，九月，登陸山東攻擊德軍，十一月，佔領青島，並繼承德國在中國的一切權益。次（一九一五）年一月十八日，更向中國提出毫無道理的所謂二十一條要求（實際上是十七條），五月，發出最後通牒，要挾中國接受。由此，在中國，掀起了反日、排日、侮日的抗日運動。中國人且將日本發出最後通牒的五月七日定爲中國的國恥紀念日。

一九一六年三月，孫先生率領宮崎滔天和張繼等來到上海，由之革命黨的氣勢大增。滿鐵上海辦事處主任村井啓次郎，因爲將孫先生藏匿於他家裡而大受滿鐵總裁的責備。我的家變成革命黨的大本營，蔣中正等皆也出入於此。內人利用嬰兒車運小孩，以搬運炸藥。在這樣革命工作的準備正在順利展開的時候，革命黨的重鎮陳英士竟在我家的客廳被袁世凱的刺客所暗殺。

一九一七年，在俄國發生革命；翌年，馬克思主義研究會在北京大學問世。而日本的所謂二十一條要求，激起了中國全民的憤怒，尤其是青年學生到處呼號抗日；及至一九一九年五月，終於產生了五四運動。一九一九年七月和一九二〇年九月，俄國的加拉罕，曾經發表宣言廢除俄國與中國所訂一切不平等條約，而獲得中國知識份子熱烈的喝采。

乘此情勢，第三國際代表華丁斯基來華，並與北大的馬克思主義者李大釗會見。繼而遠東蘇維埃代表優林訪問中國，並組織中國社會主義青年團。隨即中國共產黨在上海誕生，於斯俄國之深入中國日緊。

孫先生等則在廣州召開非常國會，通過中華民國政府組織大綱，正式組織政府；一九二一年六月，孫先生被選舉爲大總統，計劃北伐。反此，在北京產生了靳雲鵬內閣；在上海，中國共產黨召開了第一次全國代表大會。一九二二年，發生奉直戰爭，而在北京，吳佩加拉恢復舊國會，黎元洪復職大總統。在廣東，召開了全國工人大會；兩年前，擁護孫先生的陳烱明在北伐前進中叛變。總而言之，此時的中國，實在一片混亂之中。

乘此混亂，俄國派來了越飛。第三國際的密使斯多維奧維吉強迫孫先生聘請鮑羅廷為顧問。中共黨員李大釗混進國民黨。如此，共產黨的工作，到一九二三年，竟以孫文、越飛共同宣言開花結果。

由於後藤新平非常憂慮日本、中國和俄國三國間的國際關係，因此邀請孫先生和越飛赴日。孫先生以為既然是後藤的邀請，自當接受，於是請越飛和廖仲愷到日本。可是，後藤却以邀請了共黨國家的人士越飛而備受日本朝野人士的攻擊。後藤、越飛和廖仲愷三人在觀光勝地熱海會談，後藤對越飛提出擬購買北庫頁島的問題，越飛答應了，但是日本政府（外務大臣是內田康哉）却不肯點頭。越飛與廖仲愷的會談，決定了俄國援助國民黨的具體政策，於是蔣先生被派遣莫斯科，並獲得為創設軍官學校所需的兩個師的武器——在第一次世界大戰時，俄國從日本購買，上面有菊花徽章的步鎗，軍官學校創建費用六十萬元，每月經費三十萬元，黨的宣傳費大約四十萬元等等，而由這些經費創設的就是黃埔軍官學校，校長是蔣先生。是卽黃埔軍官學校不但其資金、武器是俄國的而且教科書、教官（四十人）、顧問也都是俄國的。因此，在這裡受過教育的軍官，日後一個一個地反蔣，而成為中共戰力的基礎，或可以說是歷史的諷刺。

中日聯盟孫先生之逝世與兩則遺囑

發生東京大地震的一九二三年年底，我向孫先生說想回東京去一趟，而孫先生則要我稍微等一下。於是他化了兩天兩夜的工夫給犬養毅寫了一封信交給我。

這是關於中日聯盟的文章，這份由孫夫人宋慶齡整理，再經孫先生親自修正、推敲的草稿，我現在還保存着。當時，看過這封信的中國人，祇有胡漢民和廖仲愷，但這兩個人，現在已經都不在人間了。而犬養氏之所以未公開這封信，可能是認爲它同時牽涉到蘇聯的問題，如果發表它，會引起很大的政治影響所致。我想將來或有發表它的機會，不過，從三十六年前所寫的這篇中日聯盟論，現在仍然可以原封不動地來說明和警告今日的世界以及中日兩國的現狀這個事實看來，孫先生的確有先見之明。

一九二四年十一月，爲了要到北京去跟段祺瑞和張作霖會談，由廣州北上的途次，孫先生特別取道日本抵達神戶。這時，孫先生對於久未見面的日本同志說：

「去年年底，我曾托山田君把我中日聯盟的信交給犬養先生，下次，我到歐洲後準備再度來日本，因此在這期間，請各位好好研究這個問題。這次我離開廣州時，也曾經對廣東的同志們說過這件事，所以這些同志是會來跟各位商量這個問題的。」

孫先生在神戶所發表有關大亞細亞主義的演說，是場他畢生最後的大演說，而在這演說裡，他則明明白白地否定了唯物史觀。惟由於蘇聯自動而無條件地廢除了沙皇時代跟中國所簽訂的不平等條約，因此他很感謝蘇聯的這種措施。因爲，孫先生所最重視的是廢除不平等條約以求取中國的獨立。正因爲如此，所以在這次演說，孫先生便說，日本之廢除一切不平等條約，完成明治維新，成爲亞洲的第一個獨立國家，乃是亞洲民族復興的起點；爲了扮演亞洲文化在世界的角色，日本應該率先廢除跟中國所簽訂的不平等條約，從而幫助中國的獨立纔對。而孫先生對於亞洲之於世界史的貢獻所以特別强調中日聯盟，乃是由於他對於亞洲文化傳統的信心所使然。

當時，代理犬養氏出席的秋山定輔說，孫先生的臉上有死相，因此勸孫先生休息，而孫先生也決定小休，並訂了九州別府龜井旅館的房間，惟接到汪精衞的督促，因此遂離開日本。當輪船到達山東半島附近的時候，孫先生破習慣令人卽時給日本的同志打致謝的電報，給在日本時已答應拜托寫的字。他邊笑邊說「叫我革命，我馬上可以革命，但要我寫字實在太痛苦」地寫着。孫先生利用最後一張紙寫了「亞細亞復興會」六個字，簽名之後送給我。這是孫先生最後的揮毫。

在天津，迎接者人山人海。從碼頭走出去的孫先生用手杖頭揉着他的右腹部。

「孫先生怎麼樣了?」我問。

「胃痛」。

「奇怪,胃應該在腹部中間纔對」。

他拚命揉着,因爲肝臟癌,所以右腹部痛。下船當天下午三點,在天津張園孫先生跟張作霖會見。町野武馬跟着張作霖,我陪着孫先生。沒有別的人。大約談了三十分鐘。回來之後,孫先生說:

「胃痛得很。麻煩你請日本醫生來」

我遂去看吉田茂總領事,吉田馬上答應代找醫生,並說:「山田先生,外邊謠傳說,孫先生來了市京之後,市京便會赤化,你看怎麼樣?」

我說:「我跟隨孫先生很多年,所以不相信會有這種事。國共合作,發表跟越飛的宣言時,孫先生都會經遭受到許多人的反對和忠告,但中國目前最需要的是廢除列國的不平等條約,以獲得眞正的獨立。蘇聯是最先對中國廢除不平等條約的國家。中國要跟任何尊重她獨立的國家做朋友。但是,中國有中國的文化,她應該走她自己的道路。請信賴我。沒有獨立的中國和獨立的亞洲,亞洲便不會有和平。亞洲沒有和平,世界便不會有和平。而爲了求取亞洲的和平,日本跟中國必須合作,孫先生經常這樣說。」

「山田先生，你的意思我明白了。不過，我不能憑這些就向外務省打電報，因爲它關係日本的將來，所以可以讓我跟孫先生見面談談。」

我回去向孫先生轉達吉田茂的意思，而孫先生則說：「日本到現在還不懂我的眞意，在病床上或許不禮貌，不過如果他不介意的話，我願意見他。」

吉田茂派人送來了兩盆梅花。這兩盆白梅花開得很漂亮。第二天，吉田茂來跟孫先生單獨見面，至於其談話內容，我相信日本外務省有它的報告。

對於孫先生的病症，姓小菅的日本醫生和德國醫生都說是肝臟癌，知道無可救治的孫先生，終於流出眼淚，十二月三十一日，孫先生搭乘專車到北平進洛克非勒醫院開刀，但他的肝臟已經硬得像竹根，因此又把它縫起來。犬養氏特別請大連滿鐵醫院院長趕到北平來看孫先生，但汪精衛說日本的醫生不行，拒絕讓他看孫先生。有人勸汪精衛說，既然從那麼遠趕來，應該讓他看看。因此才讓這位日人醫生會同洛克非勒醫院醫生的診斷，但並未正式讓他看，更沒有讓他診脈。

由於孫先生的病症已經無法醫治，於是遂出院而迂至鐵獅子胡同顧維鈞家居住。一九二五年三月十二日，我永遠記着這個日子，宋慶齡夫人要我去看孫先生最後的一面。

我和我的堂弟菊池、萱野長知和宮崎滔天的哥哥宮崎民藏隨時趕到。祗有我一個人進入病房。孫夫人擦着孫先生的身體。現在我還記得很清楚孫先生當時的面貌。我用手帕沾着水放在孫先生的嘴唇。孫先生慢慢地失去一切感覺。我哭了，拼命地哭。

有人來喊我到另外一個房間。汪精衛、孫科、戴季陶等發表了孫先生的遺囑。

「余致力國民革命，凡四十年。其目的在求中國之自由平等，……現在革命尙未成功，……」

「余盡瘁國事，不治家產，所遺之書籍、衣物、住宅等一切皆與吾妻宋慶齡，以爲紀念，……」

這是孫先生留給他家族的遺囑。聽完了這則遺囑之後，同志們纔喘出一口氣。孫先生一點也沒有財產。在上海的住宅，當了再當。他所有古今中外的書籍，在百忙中，幾乎都看完了，而當看書看得很累時，則請夫人讀給他聽，而看完了的書，大多送給同志們。

以上這兩則遺囑，是孫先生逝世時在場的人所公認的遺囑。可是報紙上却又發表了另一則「遺囑」，亦即給蘇聯的遺囑。但據我個人的判斷，這可能是汪精衛被鮑羅廷收買而發表的。汪精衛就是這一種人。由於這種來龍去脈，這些不滿於汪的同志們遂在西山孫先生遺體面前召開了會議，並決定與汪精衛派分手。

（原載一九七二年十二月卅一日紐約「中華青年」）

南方熊楠紀念館訪問記

陳鵬仁

今年十月十四日，我趁出差大阪之便，利用禮拜六和禮拜天到大阪南部和歌山縣白濱去訪問南方熊楠紀念館。內人莉莉與我同行。

南方熊楠是馳名世界的生物學家，尤其對於粘菌學有特別的研究和成果，同時又是著名的民俗學家。他的大部份著作，前後由日本乾元社和平凡社以「南方熊楠全集」十二卷出版。此外還有一些日記和菌譜等尙沒問世。

我去參觀南方熊楠紀念館，不是爲了他在學術上的非凡成績，而是由於他跟　國父在倫敦時代曾經是「難兄難弟」，紀念館裏頭展覽着　國父的信件、照片和遺品等等，想去參觀這些，同時到南方先生的老家看其家人，和參拜他的墳墓。

南方熊楠紀念館位於名勝之地白濱番所之崎山頂上，竣工於一九六五年三月底，四月一日正式開放。一樓收藏文獻和資料，另有館長室和事務室。二樓總是展覽室， 國父的信件等則展覽在這裏。

我們在白濱火車站下車後，乘計程車直往紀念館。可是紀念館却關閉着。山下小店鋪的老板說，紀念館已經關好幾年了。我覺得我們跑這樣遠的路，如果不能進去看看，實在太寃枉，於是我單獨，帶着照像機，從鐵門下面空隙攢進去，想拍幾張照片。但園裏頭四周却都是蜘蛛網，從鐵門到紀念館又那麼遠，束手無策，祗有另想辦法。

我們馬上到旅館，把行李放下，遂到田邊市去訪問南方先生家人。我們運氣好得很，到他家時他的女兒（岡本文枝女士，六十五歲）剛好在家。我們進去自我介紹，並告以來意，她很高興，即刻打電話給紀念館的主事古家信行先生，要他帶我們進去參觀。

我們告別文枝女士以後，搭上她替我們用電話叫的計程車，直駛高山寺，去參拜她爸爸的墳墓。我們依照日本人的習慣，打水來為其墳墓冲水，然後兩個人並排站立，向南方先生的墳墓行了三鞠躬禮。

然後坐同一部計程車到田邊火車站前搭巴士回紀念館，到達山下時，古家先生已經在那裏等着我們了。古家先生就紀念館的關閉說，因公園地主與租人之間發生糾紛，正在進行訴訟，所以整個公園關起來，紀念館則在公園裏頭，自不得不「關門大吉」，並且已經關了兩年三個月。又說，明年春天大概可以獲得解決，重新開放。

因此，古家先生隨領我們由山後面上去，進入紀念館，紀念館展覽有　國父給南方先生的兩封信，和一封介紹南方先生給犬養毅的信。前兩封信皆以毛筆用英文寫的，其中一信及給犬養毅的此信為任何版本的「　國父全集」所沒有，另一封信，木下彪先生雖曾介紹過（民國六十二年版「國父全集」第三卷第二五頁），但不全，而且日期也不對（也許是另一封信）。所以筆者擬以另文介紹這兩封信和最近筆者所發現而為「國父全集」所沒有的　國父的其他信件和文章。

其次有一頂白色的大巴拿馬帽，這是一九〇一年二月間，　國父與溫炳臣到歌山去訪問南方先生，臨走告別時送給他做紀念的。這是　國父與南方先生的最後一次見面。第三，有一張很大的照片，這是　國父、溫炳臣和南方先生三位弟兄與其姪子一起拍的。第四，尚有一本書和一本小冊子，　國父在倫敦親自署名送給南方先生的。這本書叫做「紅十字會救傷第一法」，一八九七年出版於倫敦，是　國父譯的，其第一面寫着：「恭呈南方熊楠先生大人雅政　中原逐鹿士孫文拜言」；小冊子是錄自黃梨洲「明夷待訪錄」的「原君原臣」，國父同樣以毛筆署名着：「南方先生鑒　孫文持贈」。第五，　國父在南方先生的日記簿上簽名曰：「海外逢知音　南方學長屬書　香山孫文拜言」。此外有一幀　國父的全身玉照。

我一一把這些全部拍攝下來。而在參觀其他照片和資料時，我發現南方先生於一八九二年在美國佛羅里達州與廣東籍華僑江聖聰拍的照片，紀念館竟把江聖聰寫成「聖聰江」，所以遂告訴古家先生，請其改正過來。參觀完畢之後，太陽快要落山了。

晚上住僑領黃秋茂先生經營的迎賓閣。在他這家大飯店的停車場與游泳池之間，一年四季，插着青天白日滿地紅的國旗和黨旗。黃先生忠黨愛國，由此可見，實在難得。

（原載一九七七年十二月廿一日台北「青年戰士報」；轉載一九七八年五月號東京「留日學誌」）

「國父全集」所沒有的幾封信

陳鵬仁

最近幾年來，我經常利用公務之餘，介紹有關　國父和辛亥革命的日文文獻。在這過程中，我發現了「國父全集」①所沒有的五封信和一篇序文。

五封信是　國父給南方熊楠的兩封信；給宮崎滔天的兩封信；古島一雄一封信；一篇序文是給劉成禺著「太平天國戰史」一書寫的序文。

給南方熊楠的兩封信，皆以毛筆用英文寫成的，其原件保存於日本和歌山縣白濱町番所之崎的南方熊楠紀念館。第一封信寫於一九〇〇年十二月十一日，茲試譯如左：

南方先生足下：昨日收閱先生寄橫濱大函。欣悉先生重歸國土。弟望盡快能與先生暢敘近況。上月弟甫自台灣歸來，不久即將遠離，先生如不克在

弟離去之前來東京，弟擬移樽就教。孫逸仙謹啓。②

第二封信撰於一九〇一年七月一日，試譯如下：

南方熊楠先生足下：六月一日來示，早經收悉，以事忙，遲覆為歉。目前弟尚無法奉告何時可經過神戶。如果弟之原計劃有望實現，將再詳為奉告一切。關於弟所寄奉之石菌，乃係長於溪流傍側岩石上，覆蓋於濃密之熱帶植物中。溪谷兩側斷崖絶壁，雨水甚多。各類植物叢生該處。石菌較大者甚多，惟以形狀不佳，且技取不易，甚或毀損，故特選擇此一中型而形狀較好且易於採擇者寄奉。弟所知者，僅此而已。先生何時來東京？兩個月內能來否？甚望能在東京面領教益。孫逸仙謹啓。附記：有便時請代問候格拉斯教授。③

國父與南方熊楠初逢於倫敦，交情尤篤， 國父由夏威夷爲其採寄石菌，可以爲證。

給宮崎滔天的兩封信如左：

宮崎先生大人足下：弟到橫濱十日矣。乘佛（法國——筆者）船Yarra來。此船直往神戶，不寄泊長崎。前日接先生來電詢，已托黎君電覆。弟本欲早致書問候，因初到各事紛紜，無片刻之暇，故遲至今日。弟游南洋各地，尚無甚大作，故欲往布哇以省親舊，順道經過日本也。先生近況何似，極為念念。在東京祇見得呑宇君一人，餘皆四散，真不禁大有今昔之感也。弟擬於本月八日發橫濱向布哇。若不及則後一渡必行矣。此致，即候大安。不一。諸故人統此問安。弟中山樵啓。八月一日。

此信寫於一九〇三年，原收藏於末永節家，筆者在「宮崎滔天全集」第五卷發現它。又，信中所謂「呑宇君」，乃是清藤幸七郎。

第二封信寫於一九一五年，其原文如左：

宮崎寅藏先生大鑒：聞足下立候補為日本帝國衆議院議員，欣盼之至。足下懷抱莫大之政見，故二十餘年與弟共圖支那之革命。弟深信足下為真愛自由、平等、博愛之人，此所以熱望足下之赫然當選也。貴國民權日益發達，將以足下之當選而卜之。專此，即頌起居。孫文。二月廿八日。

這是國父勉勵宮崎滔天在其故里，競選衆議院議員的信，但投票結果，宮崎滔天卻「名落孫山」。此信錄自「宮崎滔天全集」第二卷。

給古島一雄的信，也是勉勵他角逐衆議院議員的，但古島競選於一九一二年，地點是東京，其原文如左：

古島先生大鑒：別來想起居清勝，為慰。側聞足下今次選舉再出候補，以足下磐磐大才，於東方大局獨具隻眼，深期當選，主持正論，東亞平和，有厚望焉。此上，並祈珍重。孫文。二月十一日。

此信係由鷲尾義道著「古島一雄」一書發現的，但祇有月日，沒有年份，所以很難斷定究竟寫於那一年。因爲古島初次競選於一九一二年十月，國父的信却寫於二月十一日，而日本衆議員的競選期間又沒有那麼久，加以國父信說他「再出候補」，因此自不可能是一九一二年。惟古島連續出選六次，如這六次競選中祇有一次是舉行於二月前後，那麼此信就是寫於那一年，否則恐怕無法判斷其年份了。

國父給武昌出身的中國革命同盟會會員劉成禺（禺成）著「太平天國戰史」所寫的序文如左：

太平天國戰史序

朱元璋洪秀全各起自布衣提三尺劍驅逐異胡卽位于南京朱明不數年奄有漢

家故土傳世數百而皇祀弗衰洪朝不十餘年及身而亡無識者特唱種種謬說是朱非洪是蓋以成功論豪傑也胡元亡漢運不及百年去古未遠衣冠制度仍用漢官儀加以當時士君子半師承趙江漢劉因諸賢學說華夷之辯多能道者故李思齊等擁兵關陝不出劉基徐達常遇春胡深諸人皆徒步從明祖群起亡胡則大事易舉也滿清竊國二百餘年明逸老之流風遺韵蕩然無存士大夫又久處異族籠絡壓抑之下習與相忘廉恥道喪莫此為甚雖以羅曾左郭號稱學者終不明春秋大義日陷于以漢攻漢之策太平天國遂底于亡豈天未厭胡運歟漢孫子不肖應使然歟抑當時戰略失宜有以致之歟洪朝亡國距今四十年一代典章偉績概付焚如即洪門子弟不詳其事實是可憂也漢公搜輯東西太平遺書鈔譯成冊中土秘本考證者不下數十種雖當年遺老所見所聞異辭文獻足徵大備史料官書可據者錄之題曰太平天國戰史洵洪朝十三年一代信史也太平一朝與戰相終始其他文藝官制諸典不能蔚然成帙又近時官書偽本流行關于太平戰績每多隱諱漢公是編可謂揚皇漢之武功舉從前穢史一澄清其奸俾讀者識太平朝之所

以異于宋明漢家謀恢復者不可謂無人洪門諸君子手此一編亦足徵高曾矩矱之遺當世守其志而勿替也予亦有光榮焉此序

根據京都大學人文科學研究所所藏「太平天國戰史」的底頁，它寫着「黃帝紀元四千六百零九年九月日印刷，明治四十四年十二月日出版，編輯者漢公，印刷者中華書局，總發行所共和日報社」。

但東京大學東洋文化研究所所藏的「太平天國戰史」却與前者不同其版本。在東京大學者祇有上冊，裡面頭頁書名左右寫着「孫逸仙先生序文，天囚君題詞，白浪庵滔天宮崎先生贈語，出版祖國雜誌社，印刷所作新社，編纂著譯者漢公，發行者南萬里」。

本文所用序文係採自東京大學版本。又，南萬里是平山周，作新社是一九〇三年左右，宮地貫道承張繼等援助在上海經營的印刷所兼出版社。

一九七七年十一月一日　於東京

南方熊楠日記中的國父

陳鵬仁

馳名世界的生物學家南方熊楠，於一八九七年邂逅　國父於倫敦大英博物館道格拉斯辦公室，那是　國父蒙難四個多月以後的事情。自此以後，大約四個月，他倆經常見面，其情誼之深，大有「難兄難弟」之概。現在，我從南方熊楠所遺留下來日記中，將與　國父有關的部份介紹於後，以供研究　國父遺教和辛亥革命史者參考。

一八九七年三月十六日　星期二　晴

於道格拉斯辦公室（由其介紹），與孫中山（以下簡稱孫先生—譯者）見面。

三月十九日　星期五　晴

與孫先生到瑪利亞（位於海德公園傍邊的餐舘。我曾帶今西、衫田等人去過）吃晚飯。飯後在海德公園聊天，然後搭巴士到他住處，談到十點始告別。

三月二十日　星期六　小雨

坐在博物舘前面伊斯特島像傍邊椅子與孫先生。

三月二十六日　星期五　曇

晚上，跟孫先生到牛津路比亞那餐舘吃飯。孫先生請我。然後一道訪問稅所（日人──譯音），並一起到博物舘去參觀亞述（Assyria）、巴比倫、埃及和秘魯等部門。

三月二十七日　星期六

晚間，博物舘關門後，與孫先生到特天哈牧哥特路修羅爾吃飯，這是一家下等飯舘。飯後跟他到他的住處，談到十時始歸。

三月二十八日　星期日　雨

下午，孫先生來訪。一起等稅所篤三，稅所沒來。晚上一起到瑪利亞吃飯，在斯隆路與孫先生分手回家。

三月三十日　星期二

下午，與孫先生訪問道格拉斯。

四月五日　星期一

博物館於六時關門，與孫先生到修羅爾餐館吃飯，他請客。飯後到孫先生住處，談到九點，十點多鐘纔回到家。

四月七日　星期三　半晴

下午，到博物館與孫先生小談。晚飯後往訪孫先生，沒在家。

四月八日　星期四　曇

在博物館跟孫先生稍談。

四月十日　星期六　晴

到博物館跟孫先生聊天。

四月十三日　星期二　晴

上午十時許，往訪孫先生的朋友摩根（Mutkern），然後一道坐地下電車訪問孫先生，三人搭巴士，到芬加爾吉路車站，訪問津田三郎於吉爾柏利船塢。……在比雪普斯路與孫先生分別。

四月十九日　星期一

晚上，跟孫先生到新奧理斯霍特路的維也爾咖啡館吃晚飯，然後到他家談到十點鐘。

四月二十日　星期二　晴

在博物館，孫先生（此處說成孫逸仙，在這以前，皆說孫文—譯者）托我轉交他的自傳給津田少校。

五月八日　星期六　半晴

請李特將明礬茶等給孫先生和一個老人（西班牙人）看。

五月二十四日　星期一　晴

黃昏，與孫先生吃晚飯，然後一道往訪鎌田榮吉，鎌田不在家；轉而往訪荒川領事，已經很晚，由諾京希爾走到麻布大門，在此地與孫先生分手回家。

五月二十六日　星期三　曇

下午訪問鎌田，爾後到博物館，與孫先生稍談。

六月十六日　星期三　晴

下午，與孫先生往訪鎌田。然後一道到我家，田島擔也來。跟孫先生一起吃晚飯，爾後散步海德公園，將近半夜十二時纔告別。

六月十九日　星期六

下午，孫先生來訪。一同到「宮」（原文是片假名，故難測其實何所指——譯者），途中見田島及其同宿的西班牙人拉孟。然後到「宮」，參觀諸室。搭火車到西肯新頓，訪問田島，談到九點。冒大雨到高街吃飯，爾後孫先生坐巴士回家。

六月二十日　星期日

下午，孫先生來訪。一起參觀自然歷史博物館。在瑪利亞餐廳吃晚飯後各行回家。

六月二十五日　星期五

孫先生來訪於博物館，相約後天見面。

六月二十七月　星期日　晨雨放晴

將近下午四時，孫先生來訪。七時許，一道去訪問田島，田島答應介紹菊地謙讓和尾崎行雄。十時許，與孫先生到瑪利亞餐廳吃飯，時已十一時。吃冷牛肉，我喝兩杯酒，孫先生喝檸檬水，由餐館出去經過海德公園時已經十二點。在肅布大門分手。

昨日，孫先生與田島參觀海軍儀式。據孫先生說，因雨，什麼也沒看到。

六月二十八日　星期一　晴

早上，訪問鎌田，將信交給他，爲了托孫先生的事。下午五時許，在博物館與孫先生見面。贈他所記「紅十字會救傷第一法」三本，田島、鎌田和我各一冊。（另外，呈送英國女王和沙利斯柏利爵士各一冊，他說爲裝釘，各化了五英鎊）

六月二十九日　星期二

下午，往訪鎌田，取來將孫先生介紹給岡本柳之助的信，到博物館，孫先生四時許來，遂將介紹信交給他。

黃昏，往返訪島。他說，寫給菊地謙讓的介紹信，已經寄給孫先生。

六月三十日　星期三

十一時前，往訪孫先生，將給佐藤寅次郎的介紹信交給他，十一時，他在家前面告別。

七月三日　星期六

海外逢知音

南方學長屬書

香山孫文拜言

這是六月二十七日孫先生的親筆。

以上是「南方熊楠全集」（平凡社版）別卷第二卷中有關　國父的記載。除此而外，我想乘這個機會爲林寶樹先生撰，曾經刊於民國四十年十一月十二日「中央日報」的「　國父與南方熊楠」一文（後來被收進陳固亭著，幼獅書店出版的「　國父與日本友人」一書裏頭）更正兩件事。

第一、該文說：「　國父與南方氏的交友關係開始於古巴。」這顯然與事實不符。「國父年譜」和南方的日記都說他倆初逢於大英博物館。因此該文說「南方珍藏的照片就是那時　國父與南方氏在古巴同攝的」也就不可能了。是即此時與南方拍攝的是一位名叫江聖聰的廣東籍華人。所以，這段文字完全錯誤。

第二，該文說：「　國父於一八九八年未離開倫敦而去日本，南方氏亦於一九〇一年回到日本，住在他的故鄉和歌山，雖無再與　國父見面的機會」。這段話也與事實不符。因爲，事實上　國父曾自一九〇一年二月十四日到十六日，由橫濱的華僑溫炳臣陪同，到和歌山去訪問過南方，並與南方的兩個弟弟（常楠和楠次郎）和侄子照過像。我訪問南方熊楠紀念館時看過這張照片，笠井清著，吉川弘文館出版的「南方熊楠」一書裏也有這張像片。關於南方熊楠的介紹，這本書可以說是最有權威。

林實樹先生此文之所以發生這樣的錯誤，完全是由於他所根據的資料（中山太郎著「學界偉人南方熊楠」）錯誤，至於中山太郎著作的錯誤，前述笠井清在其所著「南方熊楠」一書的前言有很清楚的交代。

一九七八年六月十八日　於東京

（原載一九七八年七月二日台北「青年戰士報」）

宮崎滔天故居訪問記

陳鵬仁

一九七三年九月中旬，我奉亞東關係協會駐日代表馬樹禮先生之命，前往九州參加熊本縣日華親善協會的成立大會。該時，亞東關係協會福岡分處主任陳昭成兄、副主任郭汀洲兄和何鵬齡兄與我同往。由昭成兄開車，我們從福岡出發，一路往熊本南下。由於路途必須經過，所以我便提議順便去參觀在荒尾市的　國父紀念館和中國革命之友宮崎滔天先生的故居。

我們抵達　國父紀念館，並在那裡拍紀念照時，有位六十歲左右的日本人對我們說：「這不是宮崎滔天的老家，他的房子我們把它買過來了。」我於是請他帶我們到他家去看看。從　國父紀念館到宮崎故居並不遠，大約三、四百公尺罷。這位日本人名叫川口久男，在東京工作，其所以回家，是爲了看他母親，很巧跟我們碰面。

進屋子後，他給我們介紹他的母親，請我們喝啤酒，吃糖果。我拼命地照像，想像六十年前　國父在此屋居住的種種情形，……。我們大約呆了一個多小時，然後去參觀中山亭和紀念碑。紀念碑上面右邊是　國父遺像，左邊是滔天像，中間寫着『世界是一家』，下面有漢學家安岡正篤先生撰寫的碑文。中山亭是座涼亭，立於紀念碑傍邊，裡邊掛着　國父手撰的「博愛」匾額。這個地方是滔天父親別墅的所在地。

大概是太興奮了，這次照像，我沒把膠捲捲好，因此全部落空，一張像片也沒照出來。我覺得非常可惜，並一直想找機會再去拍攝一次。很幸運，今年四月中旬，我陪馬代表到九州參加佐賀縣日華親善協會的成立大會，馬代表在旅館整理資料時，我由福岡分處的薛宜興兄陪同去訪問熊本的僑胞，順便又去參觀　國父紀念館和宮崎滔天的故居，並拍了不少照片，滿載而歸。

滔天的故居修得比以前好多了，院子也整理得很漂亮。現在它是熊本縣的史跡，更是荒尾市的文化財產。我此行與研究滔天乃兄民藏的麥田靜雄先生初見面，並承他邀請到他家，一起吃了中飯。　國父到日本一共十四次，前後住了八年九個月左右，但　國父住過的地方而今日尚能找到的，據我所知道，實祗有滔天的這個故居。所以這座房子非常有價值。根據記載，於一八九七年十一月間，　國父曾經在這裡住了十天左右。

其次，我想就　國父紀念館做些說明。這座紀念館是於民國十九年，中國國民黨中央撥出兩萬國幣來建造的。紀念館本身是雙層樓，樓中央本有青天白日徽章，後來因颱風而掉下來。前幾年，日本報載，爲了紀念館的所有權，宮崎家內部正在打官司。打官司的是民藏的子孫和滔天的後代。據說，前者主張紀念館的財產權屬於他們，因此他們要把它賣掉，後者堅決反對，認爲紀念館必須保存，其財產權屬於社會，應該根據當年中國國民黨中央的意思，組織財產團法人來管理紀念館。

一九七八年七月十九日　於東京

國家圖書館出版品預行編目資料

近代中日關係研究. 第三輯：論中國革命與先烈 / 宮崎滔天著 /
陳鵬仁譯. -- 初版. --
臺北市: 蘭臺出版社, 2024.11
冊；公分 --(近代中日關係研究第三輯：10)
ISBN 978-626-98677-0-7(全套：精裝)
1.CST: 中日關係 2.CST: 外交史
643.1　　113006866

近代中日關係研究第三輯10

論中國革命與先烈

作　　者：宮崎滔天
編　　譯：陳鵬仁
主　　編：張加君
編　　輯：沈彥伶
美　　編：陳勁宏、凌玉琳
校　　對：楊容容、古佳雯
封面設計：陳勁宏
出　　版：蘭臺出版社
地　　址：臺北市中正區重慶南路1段121號8樓之14
電　　話：(02) 2331-1675 或 (02) 2331-1691
傳　　真：(02) 2382-6225
E - MAIL ：books5w@gmail.com或books5w@yahoo.com.tw
網路書店：http://5w.com.tw/
https://www.pcstore.com.tw/yesbooks/
https://shopee.tw/books5w
博客來網路書店、博客思網路書店
三民書局、金石堂書店
經　　銷：聯合發行股份有限公司
電　　話：(02) 2917-8022　　傳真：(02) 2915-7212
劃撥戶名：蘭臺出版社　　帳號：18995335
香港代理：香港聯合零售有限公司
電　　話：(852) 2150-2100　　傳真：(852) 2356-0735
出版日期：2024年11月 初版
定　　價：新臺幣12000元整（精裝，套書不零售）
ISBN：978-626-98677-0-7